NOTES ET DOCUMENTS

POUR SERVIR

A L'HISTOIRE DES ROIS

FILS DE PHILIPPE LE BEL

PAR

ARMAND D'HERBOMEZ

———— ✠ ————

Extrait de la *Bibliothèque de l'École des chartes,*

tome LIX, 1898.

———— ✠ ————

PARIS

1899

NOTES ET DOCUMENTS

POUR SERVIR

A L'HISTOIRE DES ROIS

FILS DE PHILIPPE LE BEL

Les notes qui vont suivre concernent toutes les rapports de Louis X, de Philippe V et de Charles IV avec la ville de Tournai et la province de Tournaisis. Il convient d'en avertir d'abord le lecteur, qui peut-être voudra bien reconnaître que ces notes peuvent cependant offrir quelque intérêt pour l'histoire générale du royaume de France entre les années 1314 et 1328. Quant aux documents annoncés dans notre titre, la plupart sont extraits des belles archives communales de Tournai. Trop souvent les érudits oublient que, pendant tout le moyen âge, la ville de Tournai a été l'une des plus françaises parmi les villes de France; et tel qui, pour écrire l'histoire d'un de nos rois, n'aura négligé ni les archives de Lille ni celles de Douai, ne songera pas à faire deux lieues au delà de la moderne frontière pour aller puiser à pleines mains, dans les archives de Tournai, des documents excellents. Puissent ceux que nous allons indiquer attirer à nouveau l'attention sur la richesse exceptionnelle des archives de Tournai, et rappeler à tous ceux qui s'occupent de l'histoire du moyen âge en France que la frontière du royaume au Nord n'a pas toujours été où nous la voyons aujourd'hui !

I. — LE RÈGNE DE LOUIS X LE HUTIN.

C'est maintenant presque un lieu commun de parler de l'activité administrative de Philippe le Bel et de ses trois fils, car on n'ignore plus, en général, que ce qu'ont fait ces quatre rois pour organiser la France est vraiment extraordinaire. Il n'est point surprenant que, parmi eux, ce soit Louis X qui ait laissé le moins de traces de son passage sur le trône. Pendant un règne très court, qui n'a guère duré plus de dix-huit mois, du 29 novembre 1314 au 5 juin 1316, ce monarque s'est trouvé aux prises, en effet, avec des difficultés peu communes. L'une lui est venue des tentatives de réaction contre le gouvernement de Philippe le Bel, son père, l'autre de l'hostilité toujours vivace des Flamands contre la France.

Je suis de ceux qui pensent qu'on n'a pas rendu justice à Louis X et à son gouvernement. Le prince a pu être dépensier et puéril, comme l'a dit Jean de Saint-Victor [1] ; il n'en a pas moins eu un mérite fort grand, celui de maintenir, en somme, dans ses grandes lignes, la politique si démocratique et si française de Philippe le Bel. Louis X a fait quelques concessions à la réaction féodale, et il a eu le tort de sacrifier Enguerrand de Marigny, qui, s'il ne fut pas un grand ministre, fut un très habile homme. Mais, comme l'a fort bien dit Francis Guessard dans un article remarquable inséré jadis ici même [2], dans les concessions arrachées au pouvoir souverain par les ligues féodales sous Louis X, on reconnaît, « par maint article adroit et évasif, que la royauté est toujours « entourée de conseillers habiles et expérimentés. »

Il me sera permis d'ajouter que, parmi ces conseillers, je mets en première ligne Charles de Valois, qu'on a, je le crois, calomnié en le représentant comme le chef de la réaction féodale sous les fils de Philippe le Bel. La vérité doit être que Charles de Valois a toujours eu la confiance de son frère, dont il paraît avoir partagé toutes les idées politiques, et qu'il a gardé toute la confiance de ses trois neveux, Louis X, Philippe V et Charles IV. C'est même, suivant moi, ce qui explique l'unité des vues gouvernementales sous Philippe le Bel et ses fils : le même homme, qui avait collaboré si activement à l'œuvre de Philippe le Bel, continuait de diriger la politique des successeurs de ce grand roi. C'était aussi l'opinion de Fr. Guessard qui, dans l'excellent

---

1. « Largus erat et prodigus et admodum puerilis » (*Memoriale historiarum*, publ. dans les *Historiens de France*, t. XXI, p. 661).

2. *Étienne de Mornay, chancelier de France sous Louis Hutin*, dans la *Bibliothèque de l'École des chartes*, t. V, p. 373 et suiv.

article que je rappelais il n'y a qu'un instant, faisait observer
que Charles de Valois, devenu tout puissant à la mort de Philippe le Bel, n'avait aucun intérêt à se suicider, en quelque sorte,
politiquement, en faisant des concessions inutiles, et que, s'il a
conseillé à Louis X de céder sur certains points accessoires, ce
ne fut que pour sauver des principes posés par Philippe le Bel
tout ce qui pouvait être sauvé.

Quant à l'attitude de Charles de Valois vis-à-vis d'Enguerrand
de Marigny, elle paraît d'autant plus répréhensible qu'il y faut
voir surtout la résultante d'un désir de vengeance personnelle.
Dans les dernières années du règne de Philippe le Bel, Marigny,
en vrai parvenu qu'il était, s'était fait partout des ennemis par
son faste insolent et ses allures outrecuidantes. Charles de Valois
en avait pâti, autant et plus même que les autres princes du sang
de France, à qui Marigny, évidemment, en était arrivé à se
croire supérieur. Un chroniqueur, l'excellent abbé de Saint-Martin de Tournai, Gilles le Muisit, nous a fait le récit d'une mission
remplie à Tournai par Marigny. En l'an 1311, nous dit-il, on vit
venir à Tournai Charles, comte de Valois, et dans le même temps
y arriva, en très grande pompe, *pomposissime,* Enguerrand de
Marigny. Il était envoyé par Philippe le Bel, se présentait en
son nom, comme s'il eût été le roi, et muni des pleins pouvoirs
du monarque. Les magistrats communaux de Tournai se portèrent
à sa rencontre. Et il avait, comme le roi, des sergents à masse
et une escorte, et sa suite était plus considérable que celle du
frère du roi[1]. Il est évident, à lire entre les lignes de ce récit de
Gilles le Muisit, que l'attitude de Marigny parut alors choquante,
et qu'on eut peine à comprendre qu'il se mît au-dessus du propre
frère du roi de France. On n'éprouve donc pas d'étonnement
quand on voit le même chroniqueur expliquer les causes de la
disgrâce du ministre de Philippe le Bel par l'animosité rancunière
de Charles de Valois, qui, devenu le vrai roi sous Louis X, se
souvint de l'orgueilleuse conduite de Marigny en maintes circonstances et de ses agissements à Tournai et en Flandre, où,
plusieurs fois, le ministre n'avait pas craint d'agir comme il
appartenait au roi seul de le faire[2]. Mais, malgré cela, sans l'ab-

1. Gilles le Muisit, *Chronica,* publ. par De Smet dans son *Corpus chronicorum Flandrie,* t. II, p. 202.

2. « Dictus autem dominus Carolus, de pompis et de factis dicti Ingelranni

solue nécessité de faire un sacrifice aux ligues féodales, on a peine à croire que Charles de Valois aurait cédé au désir mesquin de se venger d'un ministre qui l'avait offensé peut-être, mais dont il ne pouvait certainement pas méconnaître la très haute valeur.

L'œuvre de Philippe le Bel, qui, d'ailleurs, était populaire, répondait à un besoin, et avait par suite bien des chances d'être durable, fut donc sauvée par Louis X et par Charles de Valois, en dépit des ligues féodales comme en dépit d'une nouvelle crise des choses de Flandre, qui absorba, pendant la moitié de son règne, toute l'activité du fils aîné de Philippe le Bel. La plupart des lettres de Louis X ou de ses agents rencontrées par nous dans les archives communales de Tournai se rapportent plus ou moins directement à ces choses. On ne s'en étonnera pas, si l'on songe que Tournai était nécessairement une base d'opérations pour les armées françaises opérant en Flandre, et qu'il fallait, par conséquent, pourvoir à son approvisionnement en même temps que s'assurer la fidélité et la bienveillance de ses habitants. A la fin de janvier 1315, « Pierre de Châlon, doïen de Biaune, clerc, et « Gieffroy Coquatriz, familier nostre segneur le roy de France, « supérintendans et députez de par icelui segneur seur le fait et « l'ordenance des passages des lainnes, aingnelins, et des autres « choses deffendues à traire hors du royaume, » s'adressant à tous sergents établis de par eux sur ledit fait, leur mandaient de laisser passer toutes denrées à destination de Tournai, « sanz « arrest ne empeechement faire, comme bien qu'elles soient deffen- « sables ou non, » s'il est prouvé par les convoyeurs « que il les « meignent à Tornay, et que il les entendent à despendre à « Tornay[1]. »

Cette lettre est datée de Paris, le « lundi xxvii jours de jan- « vier l'an mil CCC et quatorze. » Alors, on pouvait encore espé- rer que Robert de Béthune se résoudrait à venir en personne prêter hommage à Louis X pour le comté de Flandre. Quand il

---

« recordatus, et quomodo se gesserat..., et de gestu ejus in Flandria, in Tor- « naco, et quomodo pluries, in pluribus locis, tanquam rex veniebat, regem « Ludovicum super iis informavit, et multum movit contra eum » (*Ibid.*, p. 204).

1. Il y a aux Archives communales de Tournai (Chartrier, layette de 1314) trois vidimus orig. scellés de cette lettre, délivrés tous trois par le prévôt de Paris le samedi après les Cendres 1315.

devint manifeste que le comte Robert voulait se soustraire à son devoir féodal, quand, au mois de juin 1315, la cour des pairs de France eut déclaré le comte de Flandre déchu de son fief pour refus d'obéissance au roi, quand la guerre entre Français et Flamands apparut de nouveau comme inévitable, alors le roi en personne s'occupa de Tournai. Le mardi 29 juillet 1315, il écrivait au comte de Hainaut la lettre suivante :

Loys, par la grâce Dieu rois de France et de Navarre, à nostre amé et féal le conte de Haynaut, salut et amour. — Comme noz bourgois de Tournay nous aient monstré que vous ou voz gens les voulez contraindre d'aler en l'ost, pour raison de leur fiez ou arrière-fiez que il tiennent de vous ou de voz subgiez, nous vous prions, si acertes comme nous poons, que vous ne souffrez que par vous ne par voz subgiez il soient contraint d'aler en l'ost. Et mandez à touz voz subgiez que il se seuffrent de les contraindre pour ce, quar il sont profitable de demourer en ladite ville, et pour la garder et i sont moult necessaire. Et en faites tant que nous vous en doiens savoir gré et que par vous ne par vos subgiez il ne praingnent dommage, et ladite [ville] puisse estre gardée seurement et sauvement, en tele manière que, par défaut de garde, nul dommage ne nous puisse venir. — Donné au Plessie Poilechien delez Prouvins[1], le xxixe jour de juignet l'an de grâce mil trois cenz et quinze[2].

Quelques jours après avoir ainsi demandé au comte de Hainaut de ne point dégarnir Tournai d'habitants qui pouvaient être des plus utiles pour la défense de la ville, le 10 août 1315, de Laon, Louis X précisait, en faveur de la ville de Tournai, son ordonnance générale datée du 7 du même mois. Dans cette ordonnance[3] se trouve l'autorisation à tous marchands de transporter des vivres et toutes sortes de denrées pour l'armée de Flandre, sans acquitter aucun droit de péage. Dans la lettre du 10 août[4], il est

1. Le Plessis-Poil-de-Chien, Seine-et-Marne, arr. et cant. de Provins, comm. de Rouilly.

2. Arch. comm. de Tournai, Chartrier, layette de 1315 ; orig. jadis scellé sur simple queue de parchemin. Sur cette queue on lit : « Per dominum de Noiers, « Maill... »

3. *Ordonnances du Louvre*, I, 605.

4. L'original de cette lettre n'est plus aux Archives communales de Tournai et semble perdu. Il y en a une copie à la Bibliothèque nationale dans la collection Moreau, t. 526, fol. 252.

spécialement déclaré que tous vivres à destination de Tournai et de sa garnison ont droit de circuler en toute liberté, tant par terre que par eau.

On sait la fâcheuse issue de la campagne de Louis X en Flandre au commencement de septembre 1315. Des pluies extraordinaires le contraignirent de se replier des environs de Courtrai sur Tournai sans avoir pu combattre les Flamands. Cette retraite imposée par les intempéries fut comme une débandade. Le chroniqueur tournaisien Gilles le Muisit, témoin oculaire, a dépeint de la manière la plus intéressante la triste arrivée de l'armée française à Tournai[1]. Louis X n'en fit pas moins son entrée solennelle dans la ville, le 14 septembre 1315, jour de l'Exaltation de la sainte croix. Il était accompagné du comte de Valois, son oncle, des comtes de Poitiers et de la Marche, ses frères, et de Louis, comte d'Évreux, son cousin. Il reçut de la ville les présents accoutumés, fit les grâces que les rois, à leur entrée dans Tournai, faisaient toujours aux bannis de la commune, et, après quatre journées passées en l'abbaye de Saint-Martin, repartit pour Paris[2].

En se retirant de Courtrai, Louis X, au dire de la Chronique de Saint-Denis[3], aurait juré que, « s'il vivoit en l'an ensivant, « les Flamens iroit efforciément poursivre et envaïr sans demeure, « et que jamais n'aroit vers eulz nulle accordance, se du tout ne « s'abandonnoient à sa volonté faire. » Il est en tout cas certain que le roi, en dépit de son échec, était loin d'abandonner ses projets contre les Flamands. Nous en trouvons une première preuve dans une lettre datée de Pont-Sainte-Maxence, le dimanche 5 octobre 1315, où il renouvelle ses ordres pour l'approvisionnement de la ville de Tournai[4]. Les Tournaisiens, dit-il, ont toute liberté pour acheter dans le royaume des blés, des vins et des vivres de toute sorte, pourvu qu'ils les dirigent sur Tournai et ne les cèdent pas aux Flamands. C'était renouveler, en la précisant à l'usage des gens de Tournai, l'ordonnance du 1er avril 1315, où permission avait été donnée à tout Français d'exporter des vivres, à la condition que ce ne fût pas au détriment du

---

1. G. le Muisit, *Chron.*, *loc. cit.*, p. 206.

2. Sur ce séjour de Louis X à Tournai en septembre 1315, on peut voir aussi *les Entrées de souverains à Tournai*, par A. de la Grange, p. 18.

3. *Historiens de France*, XX, 698.

4. Arch. comm. de Tournai, Chartrier, layette de 1315 ; orig. scellé.

royaume, et que ces vivres ne s'en allassent pas chez les ennemis
du roi, *quod victualia ipsa ad nostros non transeant ini-
micos*[1].

Il y a d'autres preuves que Louis X n'entendait pas laisser les
Flamands se jouer du pouvoir royal. Gilles le Muisit a raconté
la campagne menée contre eux par le connétable de France, de
novembre 1315 à janvier 1316, et les combats d'Espierre et
d'Helchin, où les gens de Flandre furent complètement battus[2].
Le même connétable, Gaucher de Châtillon, de Lille, le 7 janvier
1316, expédiait aux Tournaisiens deux lettres fort intéressantes.
Par l'une, il les autorisait à vendre leurs draps partout, excepté
en Flandre[3]; par l'autre, il leur défendait d'acheter les harengs
et autres poissons nécessaires pour la subsistance de leur ville
aux Flamands ou autres ennemis du roi[4]. C'était dire par avance
aux Tournaisiens ce que le roi allait déclarer à tous ses sujets
dans l'ordonnance du 28 février 1316[5], à savoir que tout com-

1. *Ordonnances des rois de France*, I, 155, § 6..

2. G. le Muisit, *Chron.*, *loc. cit.*, p. 206.

3. Arch. comm. de Tournai, Chartrier, layette de 1315 ; orig. scellé ainsi
conçu : « Gauchers de Chastillon, cuens de Portiens et connestables de France,
« à tous baillis, justiciers et gardes de passages dou royaume de France, salut.
« — Comme autres fois nous aions noz lettres données à ceuz de Tournay pour
« la vente de leur dras, et èsdictes lettres ne faisoit point mention qu'il les
« pouissent mener en Alemaingne ou en l'Empire, nous vous mandons et com-
« mandons que vous, paisiblement et senz arrest, laissiez mener tous dras fais
« à Tournay pour vendre partout, ou royaume de France, en Alemaingne et en
« l'Empire, et ailleurz où il leur plaira, excepté les parties de Flandres et les
« autres terres et contrées enemies évidemment au roy mon seigneur. Et wou-
« lons que plainne fois soit adjoustée aus lettres ouvertes dou propre sael de
« Tournay, que se il tesmoingnent les dras estre fais en la ville de Tournay, que
« vous n'i metez nul empeschement et y adjoustez aussins foi plénière. — En
« tesmoing de laquel chose, nous avons ces letres de nostre propre seel faites
« à Lile, l'andemain de l'Apparition l'an M CCC et quinze. »

4. Arch. comm. de Tournai, Chartrier, layette de 1315; orig. scellé daté également de « Lile, l'andemain de l'Apparition l'an M CCC et quinze. » — « Si nous
« plaist, » dit ici le connétable, « que la bonne gent de la ville de Tournay
« puissent acheter poisson et harenc pour la soustenence de ladicte ville, excepté
« aus Flamans, enemis dou roy mon segneur, ne à ses autres enemis, pourveu
« que, se il achetoient poisson ou haranc à gens d'aucunnes contrées et marches
« souppeçonneuses d'aider lesdis Flamans, ou à gens dehors le royaume, que il
« n'en puissent porter ne faire porter nus vivres quels qu'il soient, ne lainnes
« ou aignelins, ne ès dis lieus soupeçonneus, ne hors dou royaume. »

5. *Ordonnances des rois de France*, I, 619.

merce leur était interdit avec les Flamands et leurs alliés les
Brabançons.

Il n'était pas réservé à Louis X de rétablir la paix avec les
Flamands, non plus que de préciser les limites du Tournaisis,
c'est-à-dire du royaume de France, vis-à-vis des comtés de
Flandre et de Hainaut. Plusieurs points frontières étaient contestés de ce côté. Il y avait la seigneurie de Mortagne, que Philippe le Bel avait acquise en janvier 1314 *per cohactas vendi-
tiones et alios contractus illicitos*, comme disait le comte de
Flandre[1]; il y avait *les fiez de Maude*, qui, au dire du même
comte, lui avaient été enlevés induement par Pierre de Galard[2];
il y avait enfin le château d'Helchin, « qui est propre héritage
« de l'évesque de Tournay, assis au royaume de France, en
« l'espécial garde et ou ressort dou roy de France[3]. » Voilà pour
les points contestés entre France et Flandre. En ce qui concer-
nait la frontière entre le Hainaut et la France, vers Tournai, la
difficulté avait pris naissance quand, en 1289, les Châtillon-
Saint-Pol avaient cédé à la ville de Tournai les territoires d'Alain
et des Chauxfours en entier, de Warchin, de Rumillies et de
Kain en partie, je veux dire tout ce qui était devenu la banlieue
de Tournai sur la rive droite de l'Escaut. Comme en face de
Tournai toute cette rive droite, à l'exception des quartiers de
Saint-Brice et du Château, faisait partie du comté de Hainaut,
le comte, en 1289, avait protesté vivement contre la vente consentie à la ville de Tournai par les Châtillon-Saint-Pol. Toute
une série d'incidents était née, sous Philippe le Bel, de cette
vente que le comte de Hainaut s'était obstiné à ne pas ratifier[4].
Quand Louis X succéda à son père, la querelle n'était pas apaisée;
mais le besoin d'y mettre un terme se faisait de plus en plus sentir. C'est pour tâcher de la résoudre que Louis X donne coup sur

1. Dans un manifeste du 26 juin 1314, publié par le comte Th. de Limbourg-
Stirum dans son *Codex diplomaticus Flandriæ*, II, 272.

2. *Codex diplomaticus Flandriæ*, II, 285.

3. Arrêt contre le comte Robert de Flandre rendu en juin 1315, publié par
Du Mont, *Corps diplomatique*, I, pars ii, p. 17, et par Leibnitz, *Codex diplomaticus*, p. 73.

4. On peut voir sur cette affaire nos deux mémoires intitulés *Philippe le Bel
et les Tournaisiens* et *Comment la commune de Tournai s'agrandit aux
dépens du comté de Hainaut à la fin du XIIIe siècle*, publiés le premier dans
les *Bulletins* de la Commission royale d'histoire de Belgique (5e série, t. III et
VII), le second dans les *Annales* du Cercle archéologique de Mons (t. XXIII).

coup ses mandements des 24 octobre et 21 décembre 1315. Par le premier[1], le roi commet l'évêque de Soissons et le seigneur de Merceuil pour informer sur les points contestés. Le second est semblable au premier, sauf que le seigneur de Varennes y est désigné au lieu du seigneur de Merceuil pour déterminer, conjointement avec l'évêque de Soissons, et contradictoirement avec deux personnages délégués par le roi des Romains, souverain seigneur du comté de Hainaut, terre d'Empire, les limites de cet Empire et du royaume de France aux environs de Tournai[2]. Nous verrons plus tard la suite de cette affaire, qui ne fut terminée que sous Philippe le Long.

Une autre question moins intéressante, qui avait également pris naissance sous Philippe le Bel[3] et qui devait se prolonger sous ses trois fils, nécessita plusieurs fois l'intervention de Louis X. Je veux parler d'un procès entre les Tournaisiens et les receveurs du péage de Péronne, à l'occasion de ce péage. On remarquera que l'intervention du roi dans cette affaire, attestée par les mandements du 28 octobre 1315 et des 30 avril et 3 mai 1316[4], et nécessitée par la répugnance de tous les officiers royaux à faire droit aux Tournaisiens, se manifesta toujours dans l'intérêt de ces derniers. Au reste, il y a d'autres preuves de sa bonne volonté pour eux, notamment dans ce privilège qu'il leur accorda le 6 avril 1315[5], de ne pouvoir être appelés par-devant les juges d'église pour les actions réelles dont la connaissance regarde le roi, privilège qui n'est d'ailleurs que le renouvellement d'un autre du 22 novembre 1294[6].

On n'a sur la situation administrative du Tournaisis sous Louis X que des renseignements insuffisants. Il y eut certainement sous ce règne un bailli de Tournaisis. Nous le savons, parce qu'un registre des archives de Tournai nous a conservé le récit d'un conflit de juridiction survenu, le 31 décembre 1315,

---

1. Il est publié dans les *Monuments pour servir à l'histoire des provinces de Namur, de Hainaut et de Luxembourg*, III, 53.

2. Lille, Arch. du Nord, B 1584, pièce 182 ; orig. scellé.

3. Cf. *Philippe le Bel et les Tournaisiens*, p. 213.

4. Le mandement du 30 avril 1316 est en original, les deux autres sont en vidimus aux Archives communales de Tournai, Chartrier, layettes de 1315 et 1316.

5. L'original de ce document ne se retrouve plus aux Archives de Tournai. Il y en a une copie à la Bibliothèque nationale, coll. Moreau, t. 526, fol. 256.

6. Publ. dans *Philippe le Bel et les Tournaisiens*, p. 90.

entre les magistrats communaux de Tournai et « Gilles de Wate-
« gnies, adont baillius de Tournézis[1]. » Mais les documents que
nous analyserons, quand nous parlerons du bailliage de Tournaisis sous Philippe V, nous font douter que Gilles de Wategnies
ait été autre chose qu'un officier personnel du roi en tant que
seigneur du Tournaisis, et que les attributions de ce bailli aient
été les mêmes que celles de personnages comme le bailli d'Amiens
ou le bailli de Vermandois, dont l'importance était si grande.

La combinaison de deux documents conservés l'un à Tournai,
l'autre à Paris, nous permet d'affirmer que la ville de Tournai
eut l'occasion de faire au roi Louis X l'avance de la somme considérable de 4,000 livres tournois. On sait par le document de
Paris[2] que cette somme servit à couvrir le comte de Namur de
ses dépenses à Tournai. Il est intéressant de rechercher quand
et pourquoi Jean, comte de Namur, oncle du comte de Flandre,
Robert de Béthune, eut l'occasion de séjourner à Tournai. Je
crois certain que l'événement se produisit en août-septembre 1314.
Gilles le Muisit, en nous signalant[3] la présence du comte à cette
époque *in monasterio monialium prope Tornacum*, ce qui
veut dire : à l'abbaye de Notre-Dame-des-Prés-Porçins-lez-
Tournai, nous explique ce qu'y faisait ce prince qui, depuis la
bataille de Mons-en-Pévele, se montra constamment fidèle à la
cause française. Il y négociait avec Enguerrand de Marigny une
trêve à défaut de la paix, avec les Flamands, se portant fort pour
ces derniers. Les négociations aboutirent, et c'est vraisemblablement pour reconnaître les bons offices du comte Jean de Namur
en cette circonstance que Louis X aura voulu qu'il fût défrayé
de tout, pendant son séjour à Tournai, par le trésor royal. Mais
celui-ci ne paya pas directement. La ville de Tournai fit l'avance
des frais extrêmement considérables, puisque, comme je l'ai dit,
ils n'allèrent pas à moins de 4,000 livres tournois, soit au mini-
mum 400,000 de nos francs. Le roi donna des gages pour le
remboursement de cette somme à la ville de Tournai, et ce remboursement n'eut lieu qu'en 1322.

1. Registre de cuir noir, fol. xxiii *b*.
2. Arch. nat., KK 1 (Extractus thesauri), p. 89.
3. *Chron.*, dans *Corpus chronicorum Flandriæ*, II, 204. « Venit dominus
« Johannes, comes Namurcensis, in monasterio monialium prope Tornacum. Et
« ibi ivit Ingelrannus cum eo tenere parlamentum. Et tantum ibi fuit prolocutum
« de treugis et de pace, quod Flandrenses a sede [Tornacensi] recesserunt. »

C'est ce que nous apprend le registre KK 1 des Archives nationales, où on lit, à la page 89, sous la date du 5 juin 1322 : « Et « [cepimus] super regem Ludovicum sic : prepositus, jurati et « rectores ville Tornacensis, de summa iiij^m l. t. sibi debita pro « expensis comitis Namurcensis, quas rex Ludovicus voluit ei « solvi de expletis, emolumentis et justicia ville Tornacensis, « terre et castellanie de Mauritania et Tournacesii, per litteras « datas iiij° octobris CCCXV°. » Nous n'avons plus la lettre de Louis X, datée du 4 octobre 1315, dont il est parlé dans la note que je viens de reproduire ; et si, comme il est permis de le supposer, cette lettre donnait quelque renseignement sur les motifs qui avaient déterminé le roi à entretenir, en 1314, le comte Jean de Namur, la perte de ce document est très regrettable. En revanche, nous connaissons les gages donnés par Louis X à la ville de Tournai pour le remboursement de ses avances. Un manuscrit des archives communales de Tournai, le fameux Registre de cuir noir, ces véritables annales de la ville de Tournai pendant plusieurs siècles, auquel bien des emprunts déjà ont été faits, mais qui mériterait d'être publié en entier, nous a conservé la copie d'un document où ces gages sont énumérés minutieusement. Je reproduis cette pièce[1]. On y remarquera que tous les gages étaient assignés sur les revenus de la seigneurie de Mortagne et de la châtellenie de Tournai, acquises le même jour par Philippe le Bel, peu de temps avant sa mort.

II. — Le règne de Philippe V le Long.

Louis X, en mourant, le 5 juin 1316, laissait enceinte la reine

1. « Ce sunt li assenement fait à le vile de Tournay dou commandement le « roy, sour lesquels assenement li vile doit reprendre iiij^m lb. de Torn.

« Premièrement, il prenderont et commenceront à prendre puis le jour de « l'an, l'an M CCC et XV, sour le winage de Mortegne et de Maude, iij^c xx lb. « de Tournois que li roys i a.

« Item, il recheront desorendroit le talle de xxxvj bonniers de bos.

« Item, le winage de Chin ki a esté acensis xlv lb.

« Item, le justice de Mortengne acensi ʟ lb.

« Item, le justice de Castiel acensi xxv lb.

« Item, le justice de Flines acensi xxv lb.

« Item, le justice de Tournay acensie iiij^{c}xxxv lb.

« Assenet par lettres le roy et par Gillion Hakin, l'an M CCC et XV, mardi « xviii jours en novembre. »

(Tournai, Arch. comm., reg. 39, fol. 140 *a* ; copie du xive siècle.)

Clémence. En attendant la naissance de l'enfant, le frère du roi, Philippe, comte de Poitiers, exerce la régence ; puis, quand la reine, le 15 novembre, eut donné le jour à un fils, qui fut le roi Jean Ier et ne régna que cinq jours, le comte de Poitiers monta sur le trône de France le 19 novembre 1316. Pendant sa régence de cinq mois et demi, le prince qui devait être le roi Philippe le Long eut l'occasion de s'occuper du Tournaisis. Louis X, nous l'avons vu, avait prescrit une enquête sur les limites du royaume de France aux environs de Tournai, par ses lettres des 24 octobre et 21 décembre 1315. A son tour, le régent de France, le 27 octobre 1316, ordonne à l'abbé de Saint-Germain-des-Prés et aux chevaliers Bouchard de Montmorency, Jean de Varennes et Jean de Gaillon, de se transporter à Tournai pour y déterminer les limites respectives de cette ville et du comté de Hainaut. L'acte du 27 octobre 1316 est daté de Compiègne[1]. Quatre jours avant, le 23 octobre, un accord était intervenu entre Guillaume, comte de Hainaut, et les Tournaisiens[2]. Il avait pour effet de mettre fin à des contestations qui remontaient à l'année 1289, je veux dire à l'époque où la ville de Tournai avait acheté des Châtillon-Saint-Pol une assez grande étendue de territoire sur la rive droite de l'Escaut, en Hainaut, par conséquent. On remarquera que la nouvelle du traité conclu le 23 octobre entre le comte de Hainaut et la ville de Tournai n'était pas encore parvenue à Compiègne le 27. Si le régent, en effet, l'avait connue, il aurait sûrement fait l'économie de son mandement, auquel l'accord du 23 enlevait toute raison d'être.

Nous connaissons plus de trente lettres de Philippe le Long pour le Tournaisis. Parmi ces lettres, il en est qu'on peut se contenter de signaler. Telles sont les circulaires envoyées aux Tournaisiens comme aux habitants de beaucoup d'autres villes, les 27 janvier 1317[3], 29 juillet 1318[4] et 28 avril 1320[5], pour les

---

1. Lille, Arch. du Nord, B 539 ; orig. scellé. — Ce document est publié à la page 48 du mémoire intitulé *Comment la commune de Tournai s'agrandit aux dépens du comté de Hainaut à la fin du XIIIe siècle.*

2. Orig. scellé aux Arch. comm. de Tournai. Publ. dans les *Monuments pour servir à l'histoire des provinces de Namur, de Hainaut et de Luxembourg,* III, p. 72.

3. Arch. nat., JJ 54 A, fol. 2 *a.* Acte daté de Paris.

4. Ibid., JJ 55, fol. 45 *a.* Acte daté de Maubuisson (*à l'abbaye réal delez Pontoise*).

5. Ibid., JJ 58, fol. 55 *a.* Acte daté de Paris.

convoquer aux États généraux du royaume. Tels encore ces mandements des 26 septembre 1316[1], Philippe le Long étant encore régent de France, 18 juin 1320[2] et 16 octobre 1321[3], adressés au bailli de Vermandois pour lui enjoindre de hâter la solution de ce procès entre les Tournaisiens et les péagers de Péronne, que j'ai signalé en parlant de Louis X. Toute une série de lettres de Philippe le Long, relatives à la réorganisation des finances de l'abbaye de Saint-Martin de Tournai, et qu'on trouvera parmi les chartes de cette abbaye qui s'impriment en ce moment pour la Commission royale d'histoire de Belgique, peut également être négligée ici. Mais s'il suffit encore de signaler sommairement l'existence de documents comme les lettres des 9 septembre[4] et 18 novembre 1317[5], mars 1318[6], février[7] et 17 mars 1320[8], il convient, au contraire, de s'appesantir sur la série des actes où Philippe V renouvelle aux Tournaisiens certains de leurs privilèges anciens et leur en accorde de nouveaux.

Le 17 janvier 1317, par une lettre dont nous n'avons plus, malheureusement, qu'une copie à peu près incompréhensible[9], le

1. Arch. comm. de Tournai, Chartrier, layette de 1317; en vidimus délivré par le prévôt de Paris.

2. Orig. scellé, daté de Paris, aux Arch. comm. de Tournai.

3. En vidimus orig. scellé aux Arch. comm. de Tournai.

4. Lettres datées de Paris, où Philippe V fait connaître aux magistrats communaux de Tournai que les redevances dues par les Italiens pour négocier en France ont été affermées, et les invite à faire le nécessaire pour assurer la rentrée de ces redevances (Arch. nat., JJ 54 A, fol. 47 a).

5. Ordre aux prévôts et jurés de Tournai d'envoyer au Châtelet, à Paris, Bernard de Vaterlos, accusé de plusieurs crimes commis à Tournai. — Cf. Boutaric, *Actes du Parlement*, II, n° 5063.

6. Philippe V donne à Bertaud de Drancourt, chevalier, une rente annuelle de 100 livres, assise sur les revenus du bailliage et de la châtellenie de *Tornésis*, et mande au bailli et châtelain dudit lieu de payer exactement la rente en question (Arch. nat., JJ 56, fol. 64 a).

7. Philippe V approuve la sentence rendue par le connétable Gaucher de Châtillon, chargé du gouvernement des frontières de Flandre, contre Roger d'Alenes, lieutenant du bailli de Tournaisis, et ses sergents, qui s'étaient rendus coupables de toutes sortes d'excès dans le Tournaisis (Arch. nat., JJ 59, fol. 135 a).

8. Mandement du roi au bailli de Vermandois et aux justiciers. Ils protégeront Me Gilles Pourret, clerc [tournaisien] (Arch. comm. de Tournai; orig. scellé, daté de Paris).

9. Copie du conseiller d'Esnans, prise aux Archives de Tournai, au milieu du siècle dernier, d'après l'original aujourd'hui perdu, et conservée à Paris, Bibl. nat., coll. Moreau, t. 526, fol. 260.

roi autorise les Tournaisiens, vu l'extrême rareté du vin dans leur ville, à fabriquer, pour le pauvre peuple, une boisson à base de blé. Le 4 février de la même année, il prolonge de deux ans et demi le droit accordé aux prévôts et jurés de Tournai par Philippe le Bel, de lever un impôt pour la réfection des remparts et pour d'autres nécessités de leur ville, *pro reffectione murorum, et aliis neccessitatibus ville*[1]. Un mois après, le 15 mars, il mande au bailli de Vermandois de tenir la main à ce que l'abbé de Saint-Amand-en-Pèvele, l'avoué de Tournai, les baillis de Lille, de Tournaisis et de Mortagne, et certains seigneurs, parmi lesquels celui de Cysoing, cessent de s'opposer à l'achat par des Tournaisiens de biens non féodaux[2]. L'année suivante, par mandement donné à Paris le 8 août 1318, Philippe V mande aux maréchaux de France et au bailli de Lille d'avoir à respecter le privilège dont jouissent les Tournaisiens de ne pouvoir être jugés que par les magistrats communaux de leur ville, pour les crimes ou délits qu'ils commettent en Flandre ou dans la châtellenie de Mortagne[3].

C'est un privilège du même genre que consacre l'arrêt du parlement notifié par le roi en février 1319[4], et qui donne tort à Hugues de Châtillon, seigneur de Leuze, qui avait prétendu porter devant le comte de Hainaut, à Mons, une demande relative à la propriété des Chauxfours, l'un des quartiers de la ville de Tournai. Mais l'arrêt a une portée plus haute que la confirmation d'un privilège. Il constate, en effet, que les Chauxfours sont dans le royaume de France, et que la ville de Tournai, à diverses reprises, a reconnu tenir du roi ce territoire. Si l'on se rappelle quelles difficultés cette question de la propriété des Chauxfours a soulevées sous Philippe le Bel et sous Louis le Hutin, on appréciera toute l'importance de l'arrêt de février 1319.

La liste des privilèges confirmés ou accordés aux Tournaisiens par Philippe le Long est loin d'être close avec cet arrêt. Le 12 juin 1320, on le voit suspendre la révocation du droit de percevoir une maltôte à Tournai, et spécifier que la ville de Tournai

---

1. Arch. nat., JJ 54 A, fol. 2 *b*. — L'acte de Philippe le Bel auquel je fais allusion est publié dans *Philippe le Bel et les Tournaisiens*, p. 92.

2. Orig. scellé aux Arch. comm. de Tournai.

3. Cet intéressant document se trouve en orig. scellé dans les Arch. comm. de Tournai.

4. Arch. comm. de Tournai, Chartrier, layette de 1318; orig. scellé.

pourra continuer de lever cet impôt jusqu'à ce que l'enquête ordonnée à son sujet soit terminée[1]. Le 21 avril 1321, il écrit aux baillis de Vermandois et de Tournaisis de mettre à la raison le chevalier Gilles de Chin, qui avait empiété sur la juridiction des magistrats communaux de Tournai[2]. Par lettres du 26 juillet 1321[3], il ordonne au bailli de Vermandois de faire respecter un jugement rendu par les magistrats communaux de Tournai, nonobstant les lettres subreptices obtenues du parlement de Paris par la partie condamnée. Enfin, le 4 décembre 1321, il interdit à tous les gardes des ports et passages dans les bailliages d'Amiens et de Vermandois de molester les marchands français qui se rendent à Tournai et en Flandre, s'il est certain que les marchandises qu'ils sortent du royaume y rentreront par ailleurs et ne seront pas vendues en terre d'Empire[4].

Tous ces documents ont leur importance ; mais ceux que je vais maintenant présenter au lecteur sont infiniment plus intéressants. Ils se rapportent aux tentatives de Philippe le Long pour établir un bailliage de Tournai-Tournaisis. La question vaut d'être étudiée à fond, car il n'en est peut-être pas pour mieux dévoiler, en même temps que les vues centralisatrices de Philippe V, les difficultés auxquelles se heurtaient ses idées de réforme administrative.

Cette question du bailliage de Tournai-Tournaisis était en germe déjà quand Philippe le Bel, sur la demande formelle des Tournaisiens, déclarait que ceux-ci ressortissaient exclusivement au bailli de Vermandois et ne dépendaient en rien des officiers institués pour le gouvernement de la Flandre française réunie à la couronne[5]. Il paraît cependant certain que, sous Philippe le Bel, non plus, comme je l'ai dit, que sous Louis le Hutin, il n'y eut de bailli de Tournai ; que si l'on voit sous leurs règnes apparaître des baillis de Tournaisis, ce ne sont vraisemblablement que des baillis seigneuriaux, non des baillis royaux. Il en est autrement sous le règne de Philippe le Long. Dès le 15 mars 1317, ce prince, dans une lettre au bailli de Vermandois[6], fait allusion

1. Arch. comm. de Tournai, reg. 130, fol. 126 *b* ; copie du xive siècle.
2. Ibid., Chartrier, layette de 1321 ; orig. scellé, daté de Paris.
3. Ibid., id., id.
4. Ibid., id., id.
5. Cf. *Philippe le Bel et les Tournaisiens*, p. 110 et 193.
6. Orig. scellé aux Arch. comm. de Tournai.

aux baillis de Lille, de Mortagne, et de Tournai ou de Tournaisis, car le mot *Tornacensis*, employé ici par le roi, peut désigner aussi bien la ville que la province à qui elle donne son nom. Toutefois, ce n'est que le 24 février 1318 que nous voyons pour la première fois Philippe V concéder formellement l'office de bailli dans les châtellenies de Lille et de Mortagne, ainsi que dans la terre de Tournaisis[1]. Cette concession était au profit de l'un des meilleurs agents de Philippe V, Gilles Haquin, qui fut prévôt de Paris, et que nous retrouverons sous Charles IV investi du gouvernement des frontières de Flandre. Le 11 janvier 1319, Philippe V renouvelait, dans un acte formel, très explicite, où sont donnés les motifs de sa décision, la concession à Gilles Haquin du bailliage de Tournaisis. Les habitants de Mortagne, du Tournaisis et de Saint-Amand, dit le roi dans sa lettre, sont trop éloignés de Saint-Quentin, résidence du bailli de Vermandois. Il en résulte pour eux des voyages pénibles et coûteux. En conséquence, le roi nomme son féal Gilles Aquin (*sic*) bailli de Tournaisis, *ballivum Tornesii*, le substituant à l'office possédé antérieurement dans ce pays par le bailli de Vermandois, et lui assignant les mêmes gages qu'au bailli de Lille[2].

Il ne s'était guère écoulé plus de deux mois que Philippe V, le 27 mars 1319, révoquait l'acte du 11 janvier précédent. Les motifs? l'instante prière des Tournaisiens et... d'autres causes

---

1. « Item [concessit dominus rex] Egidio dicto Haquin officium ballivi in « castellaniis de Insula et de Moritania ac terra de Tornesiaco, ad vadia con- « sueta, quamdiu domino regi placuerit » (Arch. nat., JJ 58, fol. 13 *b*).

2. Arch. nat., JJ 58, fol. 21 *a*. — Voici le texte de cet important document : « Philippus etc., universis etc. Notum facimus quod nos subditorum nostrorum « locorum de Moritania, de Tornesio et de Sancto Amando, ac pertinentiarum « eorumdem, laboribus et expensis parcere cupientes, ipsos et eorum singulos « qui coram ballivo nostro Viromandensi consueverunt hactenus, non absque « ipsorum magno gravamine, propter locorum ipsorum distancia, ressortiri, « coram dilecto nostro Egidio Aquini, quem ballivum Tornesii tenore presen- « tium deputamus, et coram ejus successoribus ballivis, volumus, ordinamus, « ac precipimus de cetero ressortiri, gardam et tuitionem dilectorum decani et « capituli ecclesie Tornacensis, et bonorum ejusdem ac singularium personarum, « prout eam habebat ballivus noster Viromandensis, eidem Egidio committen- « tes, ac pro predictis omnibus illa vadia concedentes que predecessor suus « ballivus Insule percipere et habere solebat; damus autem presentibus in man- « datis universis justiciariis ac subditis regni nostri ut eidem Egidio pareant « efficaciter in predictis. — Datum apud Vicennas, die jovis post Epiphaniam, « anno Domini millesimo CCC XVIII°. — In consilio, per regem, J. Barr. »

encore, paraît-il, *aliis certis de causis ad hoc inducti*[1]. En même temps que les habitants de Tournai, le roi remettait l'évêque et le chapitre de cette ville, ainsi que les moines de Saint-Amand-en-Pèvele, dans le ressort du bailli de Vermandois, par une série de lettres analogues à celle du 27 mars et données à Maubuisson en mai 1319[2]. Tout cela pourtant laissait subsister l'office de bailli de Tournaisis. Quelque temps après ce même mois de mai 1319, à une date inconnue, mais antérieure au mois d'août 1320, le roi institua un bailli de Tournai, Lille et Douai. Du coup, les protestations des Tournaisiens s'élevèrent plus vives que jamais. Ils ne pouvaient se résoudre à faire partie de la même circonscription administrative que les gens de Lille et de Douai, qu'ils détestaient, et dont les usages étaient très différents des leurs. Il fallut donc que Philippe V renonçât, une fois encore, à créer un bailliage de Tournai. On a conservé l'ordonnance, datée de Paris le 23 août 1320, par laquelle il revint sur sa décision. C'est elle qui nous apprend tout ensemble : 1º la création d'un bailliage de Tournai, Lille et Douai ; 2º l'opposition acharnée des Tournaisiens à cette innovation ; 3º l'annulation de cette création. On y voit Philippe V, après qu'il a soustrait les Tournaisiens à l'autorité du bailli de Tournai, Lille et Douai, décider que ce dernier cessera de s'intituler bailli de Tournai, et à ce titre substituera celui de bailli de Tournaisis, *ballivus Tornachesii seu de Tornesis deinceps appelletur, et non de Tornaco*[3]. Cet acte royal fut complété par Philippe V lui-même l'année suivante. En mai 1321, de Paris, il écrivait en termes parfaitement nets et précis qu'en dépit de toutes les tentatives qui s'étaient produites, les gens de Tournai ressortissaient toujours au bailli de Vermandois, et que le bailli de Tournaisis n'aurait jamais d'autorité sur eux[4].

Telle est l'histoire du bailliage de Tournai-Tournaisis sous

1. Lettres datées de Poissy, en vidimus orig. scellé du prévôt de Paris aux Arch. de Tournai. Publ. dans les *Ordonnances des rois de France*, XI, 466.

2. Je connais plusieurs copies de ces lettres. Il suffit de signaler celles qui se trouvent aux Arch. nat., JJ 56, fol. 265 *b*. La lettre qui replace l'évêque de Tournai sous l'autorité du bailli de Vermandois est publiée dans les *Ordonn. du Louvre*, XI, 467.

3. Cet acte est publié dans les *Ordonn. du Louvre*, XI, 467, et dans les *Actes du Parlement*, de Boutaric, II, 327. L'orig. scellé est aux Arch. comm. de Tournai, Chartrier, layette de 1320.

4. Lettres patentes, orig. scellé aux Arch. comm. de Tournai.

Philippe le Long. On voit qu'en quatre années elle a passé par de singulières péripéties. Il était évidemment d'intérêt public de créer un bailliage dans la Flandre française, et il semblait naturel d'y rattacher le Tournaisis. Malgré son désir d'arriver à cette utile création, Philippe V dut renoncer à soustraire les gens de Tournai à l'autorité du bailli de Vermandois, autorité qui, apparemment, ne leur plaisait si fort que parce qu'ils la sentaient peu et qu'ils revendiquaient comme un de leurs privilèges les plus précieux. Philippe V réussit donc à mettre le Tournaisis sous l'autorité de son bailli de Lille, Douai et Tournaisis ; il ne réussit pas à y placer en même temps la ville de Tournai qui, avec sa banlieue, continua de ressortir au bailliage de Vermandois.

La succession chronologique des baillis royaux de Tournai-Tournaisis est des plus mal connues. On a vu le roi Philippe V donner le titre de bailli de Lille, Mortagne et Tournai à Gilles Haquin, le 24 février 1318, et l'on sait que, le 11 janvier 1319, Haquin le portait encore. Il n'est pas impossible qu'il ait eu un prédécesseur dans cet office, en la personne d'un certain Jacques Rouland ou Rolland, qui, le 24 février 1318, était nommé par le roi receveur de tous les revenus des châtellenies de Lille, Mortagne, Douai, Orchies et Tournaisis[1]. Il existe, en effet, un arrêt du parlement de Paris, en date du 11 avril 1320 (v. st.), où le nom de Jacques Rouland est suivi des mots *quondam ballivus Tornacesii*, et il semble ressortir de cet arrêt que c'est en 1316 ou 1317 que Rouland a exercé les fonctions de bailli de Tournaisis[2]. Mais si Jacques Rouland a été le prédécesseur de Gilles Haquin, le successeur de ce dernier comme bailli de Tournaisis paraît avoir été Pierre le Jumeau, car on peut inférer d'un passage d'un des registres du parlement[3] que, le 22 novembre 1320, si *Petrus Jumelli* n'était plus *ballivus Tournacensis*, il y avait fort peu de temps qu'il n'occupait plus cette charge.

Pour compléter ce que j'ai à dire du bailliage et des baillis de

---

1. Arch. nat., JJ 58, fol. 13 *b*. — « Item constituit [dominus rex] Jacobum « Rollandi receptorem omnium reddituum et emolumentorum castellaniarum « de Insula, de Mauritania, de Duaco, de Orchies, de Tornesiaco, et pertinen- « tiis earumdem, amoto quoque ibidem existente. »

2. Arch. nat., X[1a] 5, fol. 82 *a*. Cf. Boutaric, *Actes du Parlement*, II, 354. — Je crois utile de noter ici qu'en juin 1317 Gilles Haquin était bailli et receveur de Lille. Cf. à ce sujet le reg. KK 1 (p. 88) des Arch. nat.

3. Arch. nat., X[1a] 8844, fol. 56.

Tournai-Tournaisis sous Philippe le Long, après avoir rappelé qu'un certain Roger d'Alenes fut lieutenant du bailli de Tournaisis, probablement en 1318-1319[1], il me reste à constater que, le 1er décembre 1321, Jean des Vignes était lieutenant du même bailli, *ballivi Tournesii*[2].

Avec cette question du bailliage de Tournai-Tournaisis, celle de l'échange fait en mars 1321 entre le roi et l'évêque de Tournai, qui était alors Guy de Boulogne, le frère du comte de Boulogne et d'Auvergne, Robert VI, domine l'histoire des rapports de Philippe le Long avec le Tournaisis. Pour compléter l'œuvre de Philippe le Bel, qui avait acquis la châtellenie de Tournai, et éliminer définitivement du Tournaisis toute souveraineté étrangère au pouvoir royal, il restait à acquérir l'avouerie de Tournai et les droits auxquels l'évêque de Tournai prétendait encore dans notre province. Le temps manqua à Louis X pour faire ces acquisitions; il était réservé à Philippe V de conclure celle des droits de l'évêque et à Charles IV celle de l'avouerie de Tournai.

L'acte d'acquisition des droits de l'évêque est de mars 1321. Tous les historiens en ont parlé, à commencer par Dupuy[3], à suivre par Cousin[4]. Cependant le document est encore inédit. Il a pour l'histoire du Tournaisis une très haute importance. Extrêmement développé, il fournit, en effet, les renseignements les plus circonstanciés sur la topographie de certaines parties de cette province. Il revêt la forme d'un acte d'échange. Le roi commence par y énumérer les droits que l'évêque lui cède. Ce sont :

1° L'hommage et le fief de la châtellenie de Tournai et Tournaisis; — 2° l'hommage et le fief de l'avouerie de Tournai et Tournaisis; — 3° les forages des goudales et cervoises dans la ville de Tournai; — 4° la justice sur vingt-deux bonniers de terre sis près des fourches patibulaires de Tournai; — 5° l'hommage du franc-marteau et de tous les changeurs de Tournai; — 6° le droit de saisir la monnaie fausse ou faible et les redevances des orfèvres; — 7° l'hommage et la justice de la maison de Marguerite Dureau, à Saint-Piat; — 8° les droits de justice temporelle que l'évêque pouvait avoir à Tournai, hors de son palais

1. Cf. l'acte de février 1320, cité plus haut, p. 13, note 7, d'après le reg. JJ 59, fol. 135 *a*, des Arch. nat.
2. Arch. nat., X1a 8844, fol. 102 *a*.
3. *Traités touchant les droits du roy*, p. 306.
4. *Histoire de Tournay*, livr. IV, ch. XXIII.

épiscopal, où lui et ses successeurs conserveront toute juridiction ;
— 9° les revenus, évalués à 300 livres tournois par an, que ledit
évêque possédait dans Tournai.

Pour acquérir tout cela, c'est-à-dire pour annihiler à Tournai
la puissance temporelle de l'évêque, le roi lui cède, avec toute
justice haute et basse sur eux, toute une série de biens qu'il énu-
mère dans le langage usité vulgairement dans le pays de Tournai,
dit-il, pour qu'il n'y ait pas d'ambiguïté. Ces biens, dont le détail
est dans la pièce que j'analyse, je ne puis les relater ici tous ;
cette énumération, du reste, n'a guère d'intérêt que pour la topographie du Tournaisis et de la châtellenie de Lille. Je me con-
tenterai de relater que c'étaient : 1° le château de Wez, avec des
terres, des rentes, des hôtes, toutes choses que le roi, évidemment, avait achetées de l'avoué de Tournai, seigneur de Wez,
mais sans que nous sachions au juste à quelle époque ; et 2° des
rentes, des hôtes, des *tenavles*, à Lezennes et à Esquermes, aux
portes de Lille, qui appartenaient au roi, sans doute, par suite
de la confiscation du domaine public dans la Flandre française
après les guerres de Philippe le Bel. Tous ces biens étaient amor-
tis en faveur des évêques de Tournai, qui, en outre de toute la
justice, devaient y jouir des droits, privilèges, immunités, franchises et libertés les plus étendues[1].

Philippe V, qui, avant son avènement, avait eu maintes fois
l'occasion de se rendre à Tournai, n'y reparut pas pendant les
cinq années de son règne si rempli. Ce fut, on le sait, un prince
remarquable, dont la mort prématurée fut certainement une
grande perte pour la France, où le roi fut très regretté. Au dire
de Jean de Saint-Victor, Philippe V était doux, traitable, bien-
veillant[2]. Un continuateur de Guillaume de Nangis déclare que la
mort de ce prince « fu grant damage, quar il estoit mout preudon[3] ; »
et un chroniqueur anonyme, après avoir écrit que « ce Phelippe fu
« homme moult actrempé, » et avoir ajouté que, « combien qu'il
« trouvast moult de discordes en diverses parties du royaume,
« néantmoins, par son sens et discrécion, tout fut ramené à paix

---

1. Je ne connais pas l'acte original de l'échange de mars 1321 entre Philippe
le Long et l'évêque de Tournai. Mais il y en a de nombreuses copies contem-
poraines et un vidimus, délivré par l'official de Tournai le 3 janvier 1323, dans
J 607, aux Arch. nat., à Paris.
2. « Mitis, tractabilis, benignus » (*Historiens de France*, t. XXI, p. 674).
3. *Historiens de France*, t. XX, p. 652.

« et à concorde, et cessèrent guerres et batailles par tout le
« royaume, » va jusqu'à comparer son temps à celui de l'empe-
reur Auguste[1]. Telle est l'opinion des contemporains du roi Philippe V; et à lire le beau livre que, de nos jours, un érudit a
consacré à ce prince excellent[2], on a comme l'impression que
l'histoire a ratifié le jugement des chroniques.

III. — LE RÈGNE DE CHARLES IV LE BEL.

Charles le Bel, comte de la Marche du vivant de Philippe le
Long, et qui succède à ce prince le 3 janvier 1322, est celui des
fils de Philippe le Bel qui est le moins connu. La chronique abré-
gée de Guillaume de Nangis a beau dire[3] qu'*il fu prudomme
et sage,* ce qui est pour le moins un peu vague, et l'Ancienne
chronique de Flandre assurer[4] qu'*il ne fist guaires de prouesses
en son temps,* ce qui est exact en ce sens qu'il ne se produisit,
sous son règne, aucun de ces événements d'importance majeure
qui jettent du lustre sur l'histoire des rois, il n'en est pas
moins vrai que, jusqu'ici, nous ignorons presque complètement
Charles IV. On n'en trouvera sans doute que plus intéressants
les documents en nombre exceptionnel, émanant de ce prince ou
le concernant, que j'ai pu recueillir aux Archives de Tournai.
La première pièce que nous ayons pour nous faire connaître
les rapports de Charles IV avec les Tournaisiens indique, suivant moi, clairement les tendances du nouveau roi. Ni Louis le
Hutin ni Philippe le Long, lors de leur avènement au trône de
France, n'avaient cru devoir exiger le serment de fidélité des
Tournaisiens. Il est vrai que les circonstances dans lesquelles
ces deux prédécesseurs de Charles IV montèrent sur le trône
les obligèrent à montrer peu d'exigences. A l'avènement de
Charles IV, la situation du pouvoir royal a été très fortifiée par
Philippe le Long, et le trône n'est contesté par personne au troisième et dernier fils de Philippe le Bel. Charles IV peut donc agir
hardiment, et, dès les premiers jours de son règne, revendiquer
nettement toutes les prérogatives du pouvoir royal. Dans ses
rapports avec les Tournaisiens cette tendance apparaîtra souvent,

1. *Historiens de France,* t. XXI, p. 151.
2. P. Lehugeur, *Histoire de Philippe le Long.* Paris, 1897.
3. *Historiens de France,* t. XX, p. 653.
4. *Ibid.,* t. XXII, p. 429.

et l'on verra que ce n'est certes pas à Charles le Bel qu'il faudra
faire le reproche d'avoir laissé le pouvoir souverain s'effriter dans
le Tournaisis.

Donc, dès le 17 janvier 1322, moins de quinze jours après être
monté sur le trône, Charles IV chargeait Pierre de Galard, son
maître des arbalétriers, de se rendre en personne à Tournai, à
l'effet d'y recevoir, avec la solennité accoutumée, les serments
de fidélité qui sont dus au roi de France à son avènement par les
habitants de Tournai, de Mortagne et des autres localités du
Tournaisis. En échange, Pierre de Galard prêtera, au nom du
roi, le serment auquel le souverain peut être tenu. Pierre de
Galard était un des meilleurs et plus fidèles officiers de Philippe
le Bel. C'était lui qui, en 1314, avait procuré à ce monarque
l'acquisition de la seigneurie de Mortagne et de la châtellenie de
Tournai[1]. On voit que Galard avait conservé la faveur du troisième fils du grand roi. Il ne perdit pas de temps pour exécuter
les ordres que Charles IV lui avait expédiés, de Paris, le 17 janvier. Dès le 1er février, il donnait connaissance aux gens de
Tournai du mandement qu'il avait reçu et les prévenait que, le
lendemain 2 février, il serait dans leur ville pour se conformer
aux ordres du roi. Le Registre de cuir noir des archives de Tournai, en nous apprenant ces faits[2], nous dit qu'effectivement
Galard, « le jour de le Candeler, vint en Tournai ou non dou
« castelain, et rendi li consaus de le vile, pour l'onneur dou roy
« no sire qui castelains est, et fist grasse » à tous ceux à qui le
roi a accoutumé de le faire quand il vient à Tournai. C'est ce
même Registre de cuir noir qui nous a conservé le texte du mandement adressé par le roi à Pierre de Galard. Mais ce mandement n'est pas inédit. On le trouve, en effet, imprimé sans lieu
ni date dans un mémoire sans titre, du format petit in-4°, non
paginé, où se trouvent dix-neuf pièces ayant toutes pour objet les
droits de joyeux avènement des rois et des évêques au diocèse de
Tournai. Un exemplaire de ce mémoire, que je crois extrêmement rare, se trouve à la Bibliothèque nationale, dans la collection de Lancelot[3].

---

1. Cf. à ce sujet l'article sur *l'Annexion de Mortagne à la France en* 1314,
paru dans la *Revue des Questions historiques* de janvier 1893.

2. Fol. VIII *b*.

3. Portef. 138, fol. 240. Cf. Roisin, *Franchises, lois et coutumes de la ville
de Lille*, p. 350.

Mais, peu de temps après avoir ainsi nettement signifié aux gens de Tournai sa prise de possession du pouvoir souverain, Charles le Bel déclarait non moins nettement que le roi, s'il tenait à ses prérogatives, entendait respecter les privilèges dont ses sujets jouissaient. Le 10 mars 1322, il écrivait de Paris au bailli de Vermandois qu'il voulait que les prévôts, jurés et gouverneurs de la ville de Tournai fussent maintenus dans les justes possessions, privilèges, franchises, libertés et saisines dont il sera prouvé que leurs prédécesseurs ont joui. Il le chargeait, en outre, de les défendre contre toutes injures, violences ou oppressions, sans permettre qu'il fût fait contre eux, comme on disait alors, de nouveautés indues, *non permittentes contra ipsos aliquas fieri indebitas novitates*[1]. Deux ans après, le 4 janvier 1324, quand il nommait Jean de Livry gardien de la ville de Tournai, ce qui était certes pour les Tournaisiens la plus indue des nouveautés, Charles IV répétait à ce personnage les ordres donnés le 10 mars 1322 au bailli de Vermandois, et, tout comme ce bailli, le gardien de Tournai devait protéger les habitants de cette ville « de injures, violences, force de armes, oppressions et nou- « veletez indeheues[2]. »

En nommant un gardien royal à Tournai, Charles IV avait pour but, comme je l'expliquerai plus loin, de défendre les Tournaisiens contre le comte de Hainaut. Leur protection contre les autres personnes qui auraient l'idée d'attenter à leurs privilèges ne sera pas moins énergiquement assurée. On le voit par un mandement du 24 décembre 1324[3]. Le chapitre de la cathédrale de Tournai avait fait saisir un nommé Jacques Morel sur un territoire soumis à la juridiction des magistrats communaux de Tournai. Ceux-ci s'en plaignirent au roi, qui chargea le bailli de Vermandois de faire bonne et prompte justice. Il y a d'autres preuves du souci de Charles IV pour la conservation des privilèges des Tournaisiens et pour la défense de leurs personnes et de leurs biens : 1° dans l'acte du 22 janvier 1324[4], où le roi déclare que le fait d'avoir remis entre les mains du comte du

---

1. La lettre du 10 mars 1322 est en vidimus orig. scellé du prévôt de Paris, aux Arch. comm. de Tournai.

2. Arch. nat., X2a 2, fol. 95 *a.*

3. En vidimus orig. scellé du prévôt de Paris, aux Arch. comm. de Tournai. L'acte est daté de Paris.

4. Lettre datée de Toulouse; orig. scellé aux Arch. comm. de Tournai.

Maine et de Jean de Hainaut des prisonniers faits en Hainaut par les magistrats communaux de Tournai ne saurait porter préjudice aux droits de haute justice et autres de ces magistrats; 2° dans un acte du 26 août 1327[1], où le roi notifie qu'il a chargé le bailli de Lille, Douai et Tournaisis d'assurer, par lui-même ou par ses sergents, la protection des habitants de Tournai.

Mais, si le roi veut qu'on respecte les privilèges des Tournaisiens, il entend que ces privilèges soient hors de conteste et qu'ils ne puissent entraver l'exercice du pouvoir royal. C'est ce que l'affaire des taverniers va nous montrer.

*
* *

Ce que j'appelle l'affaire des taverniers contre la ville de Tournai, sous le règne de Charles IV, mérite une étude approfondie, parce que cette affaire recèle dans ses flancs tout un chapitre de l'histoire des empiétements du pouvoir royal sur le pouvoir communal en France au XIVe siècle. Nous ne savons pas au juste comment le procès s'engagea; mais, au mois d'octobre 1322 déjà, il était pendant devant le parlement de Paris. Une lettre de Charles IV au gouverneur des frontières de Flandre, datée de Vincennes, le mercredi 6 octobre 1322[2], en fournit la preuve, puisqu'elle prescrit audit gouverneur de protéger les nommés Jean Chaurret, Jean d'Hertain et Jean de Tunes, marchands de vin et taverniers de Tournai, qui redoutaient des attaques à l'occasion du procès qu'ils avaient intenté contre les magistrats communaux de leur ville. Du procès en lui-même cette lettre ne nous dit rien; mais on y voit déjà poindre la bienveillance du roi pour les adversaires de la commune de Tournai. Au reste, dès le début, le procureur du roi paraît avoir fait cause commune avec nos trois taverniers. J'en vois la preuve dans deux lettres des 8 et 22 janvier 1323, qui sont très explicites et vont nous faire connaître, avec les réclamations des demandeurs, les moyens de la commune de Tournai défenderesse. Ces deux documents ne diffèrent que fort peu. Tous deux se conservent en original aux Archives de Tournai[3]. Le second contient le dispositif d'un arrêt du parlement qui ne se trouve pas dans le premier. Mais tous

---

1. Orig. scellé, ibid. L'acte est donné *Apud Noam*, c'est-à-dire à Nouan-sur-Loire, Loir-et-Cher, cant. de Bracieux.
2. Orig. scellé aux Arch. comm. de Tournai.
3. Chartrier, layette de 1322.

deux exposent l'affaire absolument dans les mêmes termes.

Les taverniers et le procureur du roi se plaignaient : 1° que les prévôts et les jurés de Tournai eussent abusé du pouvoir que le roi Philippe le Bel leur avait accordé[1], de lever une assise, appelée maltôte, sur les vins à Tournai ; 2° que lesdits prévôts et jurés eussent de leur autorité propre, au mépris de celle du roi, et contre les intérêts de la ville et du pays, porté défense de vendre des vins à Tournai, ne faisant d'exception que pour eux-mêmes, punissant avec rigueur les contrevenants, mais laissant enfreindre leur défense par ceux qui leur donnaient de l'argent. Voilà donc les prévôts et les jurés de Tournai accusés d'excès de pouvoir et de concussion. Leur devoir est de s'amender, de révoquer leurs ordonnances illégales, de rendre les comptes de l'assise qu'ils perçoivent depuis tantôt vingt ans, et qui se monte à 15,000 livres environ chaque année. A ces demandes, les magistrats communaux de Tournai répondaient qu'ils avaient rendu régulièrement leurs comptes, qu'ils publiaient des ordonnances du genre de celle qu'on leur reprochait depuis un temps suffisamment long pour avoir acquis le droit de les édicter, et que, par conséquent, il n'y avait point lieu pour eux à payer la moindre amende. Mais le procureur du roi et les taverniers répliquaient que le droit de faire des ordonnances ne saurait s'acquérir par l'usage, si long soit-il, et qu'il faut, pour cela, de toute nécessité, un titre, un privilège, que les prévôts et jurés de Tournai ne peuvent alléguer.

C'est sur ce dernier point seulement que le parlement statue dans la lettre du 8 janvier 1323. Il décide que les prévôts et jurés doivent avant tout représenter le titre en vertu duquel ils ont pu acquérir le droit de porter la défense qui leur est reprochée. A cette décision, l'acte déjà signalé du 22 janvier 1323 en ajoute deux autres : 1° ordre aux prévôts et jurés de Tournai de rendre le compte de l'assise par eux perçue aux personnes qui seront désignées par le parlement ; 2° ordre d'enquérir avant faire droit au sujet des injures et excès dont s'étaient plaints les trois taverniers.

Les choses en étaient là quand un premier incident se produit. Les prévôts et jurés de Tournai ayant prétendu qu'ils rendaient depuis si longtemps des ordonnances, qu'ils établissaient librement depuis si longtemps des impôts, qu'ils avaient ainsi acquis

---

1. Cf. *Philippe le Bel et les Tournaisiens*, p. 92, 105 et 146.

le droit de les rendre et de les établir, le parlement, je l'ai dit, avait répondu que de tels droits ne s'acquièrent pas par l'usage. Il y faut un titre. Invités à le produire, nos prévôts et jurés avaient fait présenter au parlement, par un procureur, leur charte de commune, *quasdam litteras super fundatione, constitutione et concessione dicte communie,* ajoutant que, de tout temps, bien avant ladite fondation, constitution et concession, et avant que le roi possédât quoi que ce fût à Tournai, les prévôts et jurés de cette ville étaient en droit d'établir des tailles et impôts, ainsi que de faire des défenses et ordonnances. Bien que ces prétentions fussent contestées par le procureur du roi et les trois taverniers, la présentation de la charte de commune de Tournai avait sans doute exercé quelque influence sur le parlement, car nous le voyons reculer, ne plus exiger la présentation d'un titre formel autorisant les magistrats communaux de Tournai à porter ordonnances et établir impôts, mais se borner à inviter lesdits magistrats à faire la preuve qu'ils étaient en possession des droits qu'ils réclamaient dès avant l'institution de leur commune. C'était reconnaître que ces droits avaient pu, en somme, être acquis par l'usage. Tel est l'objet de l'arrêt du 12 mai 1323[1], dont deux mandements royaux, en date du 9 août suivant, assurent l'exécution[2]. Le roi y charge le chantre de

---

1. Orig. scellé aux Arch. comm. de Tournai. — Un autre incident du procès nous est révélé par un mandement de Charles IV, daté de Bonneville-sur-Touques (Calvados, cant. de Pont-l'Évêque), 29 juillet 1323 (en vidimus orig. scellé du prévôt de Paris aux Arch. comm. de Tournai). Le parlement ayant soustrait, pour toute la durée du procès dont nous retraçons l'histoire, les taverniers demandeurs à la juridiction des prévôts et jurés de Tournai, ceux-ci avaient représenté au roi les inconvénients graves qui pourraient résulter de cette exemption au point de vue de la bonne justice. Le bailli de Vermandois, en effet, chargé de justicier, le cas échéant, les taverniers, réside fort loin de Tournai, en sorte que, « se lesdiz taverniers forfaisoient aucune chose, on ne « les porroit punir si prestement comme il appartendroit selon la coustume « de ladite ville, ne plusieurs exéqutions qui sont contre eus à faire souvent à « requeste de partie ne porroient estre faites si tost comme raison seroit et « ladite coutume le requiert. » Le roi appréciant ces raisons, après avoir déclaré que l'exemption de juridiction susdite ne portera aucun préjudice à l'avenir aux libertés et franchises de la commune de Tournai, désigne deux de ses amés, Jean Caron et Guillaume de Waudripont, pour justicier les trois taverniers durant le délai d'exemption stipulé par le parlement.

2. Ces deux mandements sont datés de Paris. L'un est en vidimus orig. scellé du prévôt de Paris, aux Arch. comm. de Tournai; l'autre est en copie aux Arch. nat., dans X[1a] 8844, fol. 146 *b*.

Clermont, Philippe de Pessillières et Firmin de Coquerel, ses conseillers, de faire une enquête sur les prétentions des prévôts et jurés de Tournai. On se rappelle que le parlement avait autorisé les magistrats communaux tournaisiens à fournir les preuves de ces prétentions. Ces preuves, les trois conseillers royaux, ou deux d'entre eux, les recueilleront et les consigneront dans un rapport qu'ils adresseront au parlement avant le jour désigné pour plaider les causes du bailliage de Vermandois, après avoir assigné les parties à comparaître ce jour-là. A leur rapport ils joindront les articles allégués par les parties, et qui, suivant moi, ne sont autres que les deux mémoires conservés aujourd'hui aux Archives nationales à Paris dans le carton K 1160 (n° 12ᴬ); ils renferment, l'un les arguments fournis par les trois taverniers, l'autre les répliques des magistrats communaux de Tournai à ces arguments. Ces mémoires ne sont pas datés et ne contiennent que des allégations de plaideurs. Ils n'en sont pas moins des plus intéressants pour l'histoire de la commune de Tournai et de sa magistrature urbaine. Ce qui me fait croire qu'ils sont à peu près contemporains des mandements du 9 août 1323, c'est que le bailli de Mortagne et Tournaisis, Pierre Buisson, y est nommé, et que nous savons d'autre part que ce personnage avait été remplacé par Thomas de Sayre, dès la fin de l'année 1323, dans la charge de bailli de Tournaisis.

Le procureur du roi devait naturellement assister à l'enquête que les conseillers royaux étaient chargés de faire à Tournai, sur les allégations des prévôts et jurés de cette ville. Mais, pour une cause que nous ignorons, il fut empêché de s'y rendre; ce qui nécessita un nouveau mandement royal. Daté de Paris, le 7 octobre 1323, il a pour but de charger Dierin Pourret et Jean de la Maletôte, deux clercs de Tournai, de remplacer ledit procureur du roi dans cette circonstance[1]. Dierin Pourret et Jean de

1. En vidimus dans un procès-verbal, orig. scellé, dressé par l'archidiacre de Léon et Vincent du Chastel, en août 1324, conservé aux Arch. comm. de Tournai. — Je n'en finirais pas si je devais utiliser tous les documents que j'ai recueillis sur l'affaire des taverniers contre la ville de Tournai. Je crois cependant devoir encore signaler un mandement royal du 12 octobre 1323, adressé de Paris au bailli de Tournaisis, qui donne à connaître un nouvel incident de cette affaire. Pour une raison qu'on ne nous dit pas et qu'il serait fort intéressant de connaître, les taverniers avaient prêté aux prévôts et jurés de Tournai certaine somme d'argent que les emprunteurs refusaient de rendre. Sur la plainte des prêteurs, le roi charge le bailli de Tournaisis d'examiner la chose

la Maletôte s'empressèrent d'exécuter les ordres du roi. Mais ils
se virent dès lors en butte, eux et leurs familles, à toutes les
tracasseries non seulement des prévôts et des jurés de Tournai, mais encore des habitants de cette ville qui, dans toute
cette affaire, soutinrent toujours leurs magistrats communaux.
Charles IV se trouva donc amené à prendre Dierin Pourret et
Jean de la Maletôte, leurs familles et leurs biens, sous sa garde
et protection spéciales; ce qu'il fit par ses lettres du 20 décembre
1323[1] où il charge le bailli de Tournaisis de leur défense envers
et contre tous. Ce bailli invitera donc les gens de Tournai à se
réunir en halle, où il leur donnera lecture des lettres royaux de
sauvegarde en faveur de Dierin Pourret et de Jean de la Maletôte,
puis leur ordonnera, sous des peines sévères, de cesser leurs
attaques contre ces protégés du roi. Ensuite, afin que nul n'en
ignore, il fera lire publiquement, dans les rues de Tournai, les
lettres du roi.

On a conservé le procès-verbal d'exécution de ces lettres; il
est daté du 3 janvier 1324[2]. Comme tous les documents de ce
genre, il est très instructif et permet de surprendre le fonction-
nement de la vie communale au moyen âge. Il est complété par
un rapport adressé le 24 avril 1324 au parlement par le bailli de
Tournaisis. Ce document fait voir quelle grande puissance avait
dès lors le parlement, quels étaient les droits respectifs du bailli
de Tournaisis et des magistrats communaux de Tournai, quelles
relations ils entretenaient, etc. Je crois donc devoir le reproduire
ici intégralement. On y verra qu'en dépit de la sauvegarde royale
et de la publication solennelle qui en avait été faite, Jean de la
Maletôte n'en avait pas moins été *vilainement vilené*, et qu'il

---

et de contraindre à restitution, par tous moyens, les prévôts et jurés de Tournai, si leur dette est prouvée. Ce mandement est en vidimus délivré par le
prévôt de Paris, aux Arch. comm. de Tournai. Un autre, du 6 novembre 1323,
est vidimé dans le procès-verbal d'août 1324, que je signalais au début de cette
note. Daté de Paris, ce mandement royal est adressé au gouverneur des frontières de Flandre. Comme s'il fallait que tous les fonctionnaires du royaume
fussent successivement mêlés à l'affaire des taverniers, le roi s'adresse audit
gouverneur pour le charger de remplacer Philippe de Pesselières, qui est tombé
malade et ne peut ainsi s'acquitter de la mission d'enquête qui lui a été confiée
le 9 août précédent.

1. Lettres datées de Paris, en vidimus orig. scellé du bailli de Tournaisis,
aux Arch. comm. de Tournai.

2. Tournai, Arch. comm., Chartrier, layette de 1323; orig. scellé.

fallut en arriver à lui donner comme garde du corps un des sergents de la ville de Tournai[1].

La relation du baillif de Tournoisis[2].

A très excellens, poisçans et très redoutés, mais chiers et ameis
signeurs les maistres tenans le parlement, Thumas de Sayre, baillius
de Tournèsis et de Mortagne, vos subdis et obéysçans en tous cas.

Vous senefie, mi chier signeur, ke, par le viertu d'unes lettres dou
roy no sire contenans une sauvegarde, me transportay en le hale, à
Tournay, le secund jour du mois de jenvier, et là trouvés les prévos
et jurés, et les gouvreneurs de le cité, leditte lettre leur exposai en le
manière ke mandé m'estoit, et exposée le fis publiier en le cité, en le
manière ke contenu estoit esdittes lettres, et k'il appert par me res-
cription de mon seel saielée, et ki adont en fu faite plus plainement,
contenans le fait ke chi ne le mach.

Mi chier signeur, je vous senefie ke le joesdi en Paskes, Jehans de
le Maletote, clers, ki estoit uns des contenus en leditte sauvegarde,
fu vilenés vilainement, si comme il me doune à entendre, et ke
renoumée en keurt, si com j'ai entendu à pluseurs dignes de foy de
le cité. Et s'est lidis Jehans venus à mi, et m'a requis ke je, selonk le
fourme de mon pooir, le fesisce adrecier dou meffait à lui fait en le
sauvegarde stans et demourans, et ki sans cause raisounable lui est
faite, si com il maintient, et me requist ke je le gardasce u feisce garder, car il n'osoit encore aler par le ville k'il ne fust vilenés de cheus
u d'autres ki vilené l'avoient. Mi signeur, je me transportai as prévos, jurés et gouvreneurs, et leur requis un de leur sierjans pour
warder le plaignant de par mi son gardiien, et u non dou roy il me
fu prestés.

Mi signeur, au lundi vint as gouvreneurs en leur hale, et leur
requis selonk le contenu en mon mandement k'il me livrascent forche

---

1. Il y a encore, aux Arch. comm. de Tournai, une lettre de Charles IV,
Datum Parisius in parlamento nostro; Per Cameram, orig. scellé, où le roi
autorise divers bourgeois de Tournai, qui avaient été cités à comparaître par
devant le parlement, à la requête du procureur du roi et des trois taverniers,
à se faire représenter par procureurs, les uns parce qu'ils étaient vieux, débiles
ou malades, un autre, Galterus Gargate, *pro eo quod erat de guerra.* Cette
lettre est du 18 février 1324.

2. Ceci se lit au dos du document, lequel se conserve à Tournai, en orig.
scellé, aux Arch. comm., Chartrier, layette de 1324.

pour adjourner pardevant mi cheus ki à adjorner estoient pour **savoir** dou fait, et pour cheus prendre et punir selonk che ke raisons donroit, tant pour le roi no sire ke pour partie. Li prévost sour me requeste prist jour de respondre. Au jour me respondi, de par tout le consel, ke les ordenanches dou roïaume dient ke sauvegarde ne tot ne oste justice, ne loi son droit. Et s'ofroient à faire loy dou meffait fait en leur justiche selonk leur usage, comme cil ki l'ont toute haute et basse en lor pooir, si com il dient, et me disent ke je ne m'en avoie ke mesler, comme li prévost ne consel n'avoient fait ne fait faire l'injure, et mostrèrent audit complagnant, en me présense et devant tiesmoins, k'il estoient prest de faire loy selonk leur usage à lui s'il se voloit plaindre à eus. Et li dis complagnans leur respondi k'on lui avoit fait injure en garde espésial dou roi no signeur, et pour son sierviche, je lui estoie dounés à gardiien, il y seroit dou consel de son gardiien, par coy il ne fust repris ne blamés. Mi signeur, che oï, je dis as prévos et gouvreneurs ke je rescriroie à mes signeurs quant il ne voloient el faire pour le mandement leur responses, et che k'il vous plairoit à mi remander je feroie. Mi chier signeur, s'il vous en plaist aucune cose à ordener, che k'il vous en plaira à mi remander j'en ferai, car je n'ai pooir à Tournay se de vous ne me vient. Mi signeur, je vous senefie cheste relation pour vérité sour mon seel.

Fait et douné le mardi apriès Closes Paskes, l'an de grasce mil trois cens vint et quatre.

L'arrêt du 22 janvier 1323 avait ordonné que les prévôts et jurés de Tournai rendraient compte de la maltôte, que les taverniers les accusaient d'avoir levée sans droit. Un mandement du 8 juin 1324[1] a pour but d'assurer l'exécution de cet arrêt. Il prescrit à l'archidiacre de Léon et à Vincent du Chastel de se rendre à Tournai pour recevoir les comptes des dix dernières années de la maltôte en question et de faire leur rapport sur ces comptes au roi ou au parlement. Le principal intérêt de cette pièce réside dans ce fait qu'on y voit que le chapitre de Tournai avait fait cause commune avec les trois taverniers pour se plaindre de la levée de la maltôte[2]. Il faut noter aussi que c'est par déro-

---

1. Daté de Paris. En vidimus dans un procès-verbal, orig. scellé, dressé par Evein de Kerbeiz, archidiacre de Léon, et Vincent du Chastel, le jeudi après la mi-août 1324, conservé à Tournai, Arch. comm., Chartrier, layette de 1324.

2. Un acte de Charles IV, donné à Paris le 12 mai 1324 et conservé en orig. scellé aux Arch. comm. de Tournai, nous avait déjà indiqué que le chapitre de

gation partielle à l'arrêt du 22 janvier 1323 que le roi ordonne, en juin 1324, que les comptes soient rendus à Tournai et pour les dix dernières années seulement. Le parlement avait prescrit la reddition des comptes à Paris, et sans limitation d'années.

Le mandement royal du 8 juin fut précisé par un autre du 2 août et modifié légèrement par un troisième du 4 août 1324. Ces deux derniers mandements de Charles IV sont datés de Domats[1]. Celui du 2 août prescrit à l'archidiacre de Léon et à Vincent du Chastel de se rendre immédiatement à Tournai, d'y convoquer tous ceux qu'ils auront intérêt à entendre, et, si le procureur du roi ne peut assister à leur enquête, de désigner eux-mêmes quelqu'un pour le remplacer. Le mandement du 4 août est pour déclarer aux mêmes commissaires royaux que le désir du roi est que le compte de la maltôte levée par les prévôts et jurés de Tournai soit rendu non pas dans cette ville, comme il avait été ordonné le 8 juin, mais à Lille, à Saint-Amand ou à Mortagne, au choix des commissaires.

L'affaire en était là, lorsque, le dernier jour de cette même année 1324, la « communauté de Tournay » écrivit au roi une lettre qu'un vidimus du prévôt de Paris nous a conservée, et qui est des plus instructives. On y voit les gens de Tournai accuser le chapitre d'avoir poussé les trois taverniers, qualifiés ici de *vallés,* à intenter à la ville de Tournai le procès qui lui fait tant de tort. Les Tournaisiens approuvent nettement la conduite des *gouverneurs* de leur ville, qui a toujours été régulière, et dont les comptes ont été rendus au peuple chaque mois, en la forme accoutumée, et avec la plus grande exactitude[2]. Ils demandent au roi de renouveler l'assise, et lui annoncent qu'ils envoient vers lui six délégués, un pour chacune des paroisses de Tournai, à l'effet de lui exposer plus en détail la situation de leur ville et

Tournai était en procès avec la commune de Tournai à l'occasion de la maltôte, mais sans nous dire positivement, comme le fait l'acte du 8 juin, que les plaintes du chapitre et des taverniers étaient connexes.

1. Domats, Yonne, cant. de Chéroy. — Les mandements sont tous deux aux Arch. comm. de Tournai, Chartrier, layette de 1324, en vidimus dans le procès-verbal, orig. scellé, dressé le jeudi après la mi-août 1324, par l'archidiacre de Léon et Vincent du Chastel.

2. Cf. à ce sujet l'article sur les *Comptes de la ville de Tournai pour les années* 1240-1243, inséré dans le t. III, 5ᵉ série, des *Bulletins de la Commission royale d'histoire de Belgique.*

de le prier de lui venir en aide. Voici le texte de ce remarquable document[1] :

A très excellent et très puissant prince, leur très amé et très redouté seigneur nostre seigneur Charle, roy de France et de Navarre, li communautés de Tournay humilité, obédience, avec toute révérence et toute honneur.

Très redoutés et très amez sires, comme vous aiiés envoiet à nous vos très amiables lettres par monseigneur Thiébaut de Denezi, gouverneeur des frontières de Flandres, liquelz à vo commandement nous fist assembler, et nous monstra de par vous aucunes coses que enjointes li aviés, si comme il disoit, auquel gouverneeur nous, eu délibération par toutes les parroiches de Tournay pour chou appielées en certain lieu, oïe le volenté de chascun, fesismes response tele que vostre royaus majesté porra savoir. Si sachiez que li doyens et caplitres de Tournay ont fait avec trois vallés, lesquelz il ont à chou esmeuz, très grans dommages à toute la ville de Tournay par les plaiz que il à maise cause ont esmeuz en vostre Court contre les gouverneeurs de Tournay; lesquelz, touz et chascun par li, nous tenons pour boins et pour loiaus; et bien ont ledite ville gouvernée; et toutes les assises qu'il ont levé des temps passez, il les ont converties où profit évident de ledite cité, en descarchant le ville de griez debtes, et en paiiant les rentes à vie et à héritage que li ville devoit et doit pour l'occoison des fermetez et des dommages que li cours de le ville a eut pour l'occoison des guerres, en wardant avec chou les libertés de ledite cité, et pour les autres neccessités d'icelle cité. Desqueles assises et levées lidiz gouverneeur, qui pour le temps ont esté et encor sont, ont bien, loiaument et souffisaument compté pardevant nous, cascun mois, à son de cloque, ou lieu acoustumet et à huis ouviers. Et y vinrent et porent venir cil qui venir i vourent, et tout cil asquez il peoit touchier. Si nous tenons à bien païés desdiz gouverneeurs de Tournay et de touz leurs comptes, tant de chiaus qu'il ont fait pardevant nous à no ancienne coustume, comme de ciaus qu'il ont fais à vo commandement devant mons. l'archediaquene de Léon et sire Vincent du Castiel, commissaires députez de par vous, et approuvons lesdiz comptes et leur gouvernement comme bons et loiaus. Si vous prions si humblement et à si grant révérence que

1. Tournai, Arch. comm., Chartrier, layette de 1324 ; en vidimus orig. scellé délivré par le prévôt de Paris, Jean Loncle, le dimanche, jour de l'Épiphanie 1325.

nous peons, que pour le sauvation de ledite cité il vous plese à metre le cité heurs de plet et heurs de fret, et otrier issise en ladite cité pour soustenir et sauver icelle, car autrement ne se peut soustenir ne warder, con nous ne sommes mie acoustumé de iestre tailliet, et taille n'ait esté mout grant temps a en ledite cité. Se wielle plaire à vostre roïal majesté de oïr le response que li communautés fist devant le gouverneeur dessusdit, car lidite cités est désirans de obéir à touz voz bons plaisirs. Et pour ceste cose à vous supplier et monstrer, nous, par no commun accort, con tout ne puissons mie aler à vous pour noz deffautes monstrer, qui doutons le péril et le désolation de ledite cité, envoïons pardevers vous siis persones de no commun ; c'est assavoir de cascune perroche une personne, dont li non sont tel : Vuillaume de Vaudripont, de Nostre-Dame ; Mikieus Villains, de Saint-Piat ; Miquieus Autoupet, de Saint-Piere ; Jehan des Maux, de Saint-Quentin ; Jehan du Haveron, de Saint-Jaqueme ; et Gilles de Villers, de Saint-Brice ; lesquelz persones weilliés daignier croirre des coses dessusdites, et de ce qui en dépent, autant com nous.

Ou tesmoignage desqueles coses nous avons ces lettres fait seeller, de certainne science, dou seel de le commune de Tournay ; qui furent faites et données le derrain jour du mois de décembre, l'an mil trois cens vint et quatre.

Entre autres choses, les délégués de la ville de Tournai devaient donc demander au roi de mettre fin au procès intenté aux *gouverneurs* de Tournai. Il est probable que c'est pour donner satisfaction à cette demande que Charles IV, de Poissy, le 27 mars 1325, commettait ses conseillers, Michel Mauconduit et Thomas de Marfontaines, pour se rendre à Tournai à l'effet d'y rétablir l'accord entre les habitants. Ils rechercheront les voies par lesquelles une solution convenable pourra être donnée au procès pendant entre la ville et les taverniers de Tournai, ou, pour mieux dire, avec le chapitre de cette ville, puisque nous savons maintenant que c'était lui le vrai instigateur de l'affaire. Ils s'efforceront de terminer par eux-mêmes le litige. Que s'ils n'y peuvent parvenir, ils feront un rapport net et précis au roi, qui statuera définitivement[1].

1. Il y a plusieurs copies de la lettre du 27 mars 1325 aux Arch. comm. de Tournai, où s'en trouve également un vidimus délivré par le roi lui-même en juin 1325. Je me suis servi de la copie qui est aux Arch. nat., à Paris, dans JJ 62, fol. 219 *b*.

C'était évoquer l'affaire, la soustraire à la décision du parlement pour la faire résoudre par le conseil du roi. Nous verrons tout à l'heure quelle solution lui fut donnée. En attendant, le 24 mai 1325[1], le roi chargeait Michel Mauconduit et Thomas de Marfontaines de proroger la maltôte que les prévôts et jurés de Tournai avaient jadis été autorisés à lever, et qui formait l'objet principal du litige. Ils la prorogeront, dit Charles IV, s'ils le jugent utile, et dans les conditions[2] et pour le temps qui leur paraîtront nécessaires. Quelques jours après, le 5 juin 1325, la ville et le chapitre de Tournai s'entendaient au sujet de ladite maltôte, à l'instigation des commissaires royaux, et le roi, de Paris, juin 1325[3], ratifiait les traité, accord et arrangement passés entre les deux parties.

Grâce aux conseillers du roi, on peut donc croire terminé le grand procès commencé en 1322. Une transaction est intervenue en juin 1325 et le roi l'a ratifiée. Tout n'est pas fini pourtant, et, le 28 juillet de la même année 1325[4], voici de nouveau Charles IV contraint de s'occuper de notre affaire. Le procès intenté aux prévôts et jurés par les trois taverniers, à l'instigation du chapitre, avait excité les esprits et semé des rancunes. Les prévôts et jurés eurent le tort de vouloir se venger, non point de leurs adversaires directs, mais de ceux qui les avaient assistés. Ils firent saisir et emprisonner quelques-uns de ces comparses. Le roi, dès qu'il l'apprend, adresse à ses conseillers Thomas de Marfontaines, André de Florence et Guy Chevrier (ces deux derniers avaient pris la place de Michel Mauconduit), une lettre d'une remarquable hauteur de style. Après avoir déclaré nettement qu'il faut en finir avec cette affaire, qui est née, en somme, de ce que les prévôts et les jurés de Tournai ont revendiqué un droit qui appartient au roi, *ratione regie superioritatis*, Charles IV invite lesdits prévôts et jurés à revenir à de nobles sentiments, à oublier les injures et à libérer leurs captifs.

1. Arch. nat., JJ 62, fol. 219 *b*. Lettre datée de Fontainebleau.

2. Sur ces conditions, une lettre de Thomas de Marfontaines, datée du 1er septembre 1325, et dont je donnerai plus loin le texte, fournit de précieux renseignements.

3. Arch. nat., JJ 62, fol. 219 *b*. — Mais l'original de cette lettre se trouve aux Arch. comm. de Tournai, Chartrier, layette de 1325.

4. Lettre datée de Villers-aux-Loges ; en orig. scellé aux Arch. comm. de Tournai.

Les trois conseillers royaux étaient toujours à Tournai ; mais le roi prévoit le cas où ils quitteront cette ville. Ce sera alors au gouverneur des frontières de Flandre que reviendra le soin d'achever de rétablir à Tournai l'ordre moral.

Un mois après sa lettre du 28 juillet, Charles IV, le 1er septembre 1325[1], revient encore sur notre affaire. Il veut son apaisement complet, et, pour l'obtenir, il charge les receveurs de la maltôte à Tournai de verser à Jean d'Hertain 200 livres parisis et 100 à Jean Chaurret. Ces personnages étaient deux des taverniers qui avaient intenté aux prévôts et jurés de Tournai le fameux procès. Le troisième, Jean de Tunes ou de Thun, apparemment, était mort, puisqu'il n'en est plus ici question. Moyennant les sommes ci-dessus spécifiées, Jean d'Hertain et Jean Chaurret devaient se trouver indemnisés des frais et dommages supportés par eux à l'occasion du procès.

Cette solution ne satisfit personne. Une lettre du 22 mai 1326[2] en fournit la preuve. Les prévôts et jurés de Tournai, ainsi que les receveurs de la maltôte, d'une part, protestèrent contre le paiement des 300 livres parisis aux deux taverniers, et, d'autre part, ceux-ci, trouvant l'indemnité trop faible, demandèrent qu'elle fût portée à 540 livres. Mais le roi tint bon. Sa lettre du 22 mai 1326 est très ferme. Il y déclare qu'on paiera 300 livres, pas un sou de plus, et veut qu'on ne lui parle plus jamais de cette affaire.

La lettre précitée du 1er septembre 1325 aux receveurs de la maltôte de Tournai est instructive par les détails qu'on y peut noter. On y voit d'abord que les receveurs en question sont maintenant à la nomination du roi ; puis que le droit d'interdire ou d'autoriser à Tournai la vente du vin a été reconnu au roi, *quod nunc ordinationi nostre concorditer est submissum ;* enfin, qu'on s'en est rapporté au roi de toutes parts, à Tournai, du soin de terminer l'affaire qui nous a si longuement occupés. Il ressort en outre du ton de la lettre la préoccupation chez le roi de tenir la balance égale entre les prévôts et jurés de Tournai et leurs

---

1. Cette lettre du 1er septembre 1325 est datée de Vitry-aux-Loges (Loiret, cant. de Châteauneuf-sur-Loire). Elle est aux Arch. comm. de Tournai en vidimus orig. scellé du prévôt de Paris, Hugues de Crusy, délivré le lundi après la Notre-Dame en septembre 1325.

2. Lettre datée « Apud Vallem Beate Marie » (Le Val, Seine-et-Oise, cant. de l'Isle-Adam), conservée aux Arch. comm. de Tournai, en vidimus orig. scellé du bailli de Vermandois, Jean Blondeau, délivré le 18 août 1330.

anciens adversaires les taverniers. Si ceux-ci ont subi des pertes à l'occasion du procès qu'ils ont cru devoir intenter aux magistrats communaux de leur ville, ils doivent en être indemnisés ; mais cependant le roi ne veut pas déplaire à la ville de Tournai, *villam predictam cujus rationabilibus votis libenter condescendimus ad displicentiam provocare*. Il fixe donc à un taux peu élevé l'indemnité à payer aux taverniers, de façon que la ville puisse s'abstenir de leur intenter une demande reconventionnelle. Enfin, le roi stipule que cette indemnité figurera au compte que les receveurs de la maltôte de Tournai rendront prochainement au bailli de Vermandois ou à toute autre personne désignée par le roi pour le recevoir.

Le triomphe du pouvoir royal sur le pouvoir communal à Tournai est donc complet. Désormais, ce ne sont plus les magistrats communaux, c'est le roi qui établit l'impôt dans cette ville, et ce sont des agents désignés par le pouvoir royal qui perçoivent cet impôt et en rendent compte aux baillis royaux. C'est la morale de l'affaire des taverniers, et c'est par ces conclusions qu'elle offre surtout de l'intérêt. C'est pour les dégager que j'ai cru devoir consacrer plusieurs pages à un événement qui, mis en lumière par un nombre exceptionnel de textes, jette un grand jour sur les dessous de la politique intérieure de Charles IV.

Nous venons de voir avec quelle délicatesse de touche Charles le Bel avait traité les Tournaisiens quand il avait projeté de leur enlever, pour se les adjuger, les droits que ces fidèles Français revendiquaient en matière financière. Le roi ne voulut pas que le succès lui vînt d'une décision judiciaire ; il préféra négocier, amener un accord, se prévaloir du consentement de la commune de Tournai. La bonne politique le voulait ainsi ; car les habitants de Tournai, par la position de leur ville aux frontières de Flandre, étaient toujours à ménager fortement. Mais, dans le même temps qu'il leur arrachait ainsi avec douceur et habileté une concession qui paraît lui avoir tenu grandement à cœur, il prenait leur défense contre les gens du comte de Hainaut avec une énergie qui, dans l'idée du roi, devait apparemment faire oublier bien des choses aux Tournaisiens. Je vais dire à quelle occasion leur querelle avec le comte de Hainaut et ses officiers était née et essayer de montrer que le roi Charles IV défendait avec autant de force son domaine royal contre l'étranger que ses prérogatives souveraines contre les villes.

Depuis qu'en 1289 la ville de Tournai avait acheté du comte de Saint-Pol et de son frère, le fameux Jacques de Châtillon-Saint-Pol, un important domaine destiné à former la banlieue de Tournai sur la rive droite de l'Escaut, maintes difficultés avaient surgi à l'occasion de cette acquisition[1]. Elles n'étaient pas apaisées au début du règne de Charles IV, puisque le seigneur de Leuze, Hugues, le fils de Jacques de Châtillon, était alors en procès avec les Tournaisiens à propos du territoire des Chauxfours, qui faisait partie du domaine acheté en 1289. Des commissaires avaient été nommés par le parlement pour faire une enquête, et l'on sait que, le 22 novembre 1323, il fallut renouveler les pouvoirs de ces commissaires, dont la mission n'était pas accomplie[2].

Sur ces entrefaites, les Tournaisiens ayant poursuivi un malfaiteur (on appelait cela en latin *facere cachiam, faire une cache* en français de Tournai) sur les terres du seigneur Hugues de Leuze, comme un usage immémorial leur en donnait le droit, un bailli du comte de Hainaut avait cité à comparaître à Mons, devant le tribunal du comte, quelques-uns des auteurs de cette poursuite. C'étaient des Tournaisiens, des sujets du roi de France. Aussi la protestation de Charles IV fut-elle d'une vivacité singulière : « Ad immensam nobis cedit displicentie multiplicis mate-« riam, » dit-il dans un mandement du 22 décembre 1323[3], adressé de Paris aux prévôts, aux jurés et à tous les habitants de Tournai, « quod ballivus comitis Hanonie tante non veretur accipere pre-« sumcionis audaciam, quamplures communie Tornacensis per-« sonas, nobis et regno nostro subditas, super actionibus mere « personalibus, extra dictum Regnum, coram dicto comite seu « coram ipso ballivo apud Montes in Hanonia fecit adjornari, et « ad judicium evocari in Imperio... » Et, sur cet énergique préambule, le roi conclut en défendant formellement aux gens de Tournai de répondre aux citations des officiers hennuyers, citations qu'ils doivent tenir pour nulles et non avenues.

` Après avoir ainsi, en quelque sorte, couru au plus pressé et s'être assuré que les Tournaisiens, en déférant aux sommations du comte de Hainaut et de ses gens, ne placeraient pas le roi de

---

1. Je rappelle qu'il en est longuement question dans *Philippe le Bel et les Tournaisiens* (*Bulletins de la Commission royale d'histoire de Belgique*, 5ᵉ série, t. III et VII) et que j'en ai de nouveau dit quelques mots ci-dessus en parlant du règne de Philippe le Long.

2. Cf. à ce sujet les *Actes du Parlement* de Boutaric, II, 539.

3. Arch. comm. de Tournai, Chartrier, layette de 1323 ; orig. scellé.

France en présence d'un fait accompli, Charles IV, le 23 décembre
de cette même année 1323, écrit de Paris au bailli de Vermandois[1]. Il lui signale ce qui se passe à Tournai et le charge de se
rendre auprès du comte de Hainaut pour l'inviter à restituer aux
Tournaisiens leurs biens saisis par les officiers hennuyers et à
s'abstenir désormais de toute violence sur les habitants de Tournai. Le bailli de Vermandois est, en outre, chargé de prendre
toutes les mesures nécessaires pour assurer la protection des
Tournaisiens et leur procurer la restitution de leurs biens.

Charles IV avait-il peu de confiance dans l'énergie de son
bailli de Vermandois, ou vit-il dans les démêlés des Tournaisiens
avec le comte de Hainaut une occasion de fortifier le pouvoir
royal à Tournai? Toujours est-il que, le 4 janvier 1324, il prenait la grave décision d'y nommer un véritable gouverneur, ayant
mission spéciale de défendre les Tournaisiens contre le comte de
Hainaut et ses gens. L'acte de nomination est d'un intérêt supérieur[2]. Le roi y expose que les habitants de Tournai, victimes de
toutes les violences des gens du comte, sont comme assiégés dans
leur ville par ces gens, qui s'efforcent d'en empêcher le ravitaillement. C'est une situation intolérable, dont les Tournaisiens ont
fait au roi des plaintes justifiées. En conséquence, Charles IV
nomme Jean de Livry, son amé et féal chevalier, « gardien espé-
« cial de la ville de Tournay et des bourgeois et habitans d'icelle
« ville et de leurs biens. » Jean de Livry se rendra à Tournai,
défendra la ville et ses habitants par tous moyens, même par les
armes, et s'emparera de tout officier du comte de Hainaut qui
s'aventurera sur le territoire français.

L'excellent document que je finis d'analyser est complété par
un acte royal daté, comme le précédent, de Paris le 4 janvier
1324[3]. Charles IV s'y adresse à tous présents et à venir pour
notifier que c'est à la demande du procureur des bourgeois et

---

1. La lettre, fort longue, est en vidimus orig. scellé du prévôt de Paris, Jean
Loncle, dans le Chartrier des Arch. comm. de Tournai.

2. Arch. nat., X2a 2, fol. 95 a. — Je crois qu'il est difficile de rattacher cette
nomination d'un capitaine royal à Tournai, nécessitée par des circonstances par-
ticulières, à la grande ordonnance de Philippe V, donnée à Paris le 12 mars
1317 (*Ordonnances des rois de France*, I, 635), qui décide qu'à la demande
des villes un capitaine royal y sera institué et que des armes y seront
déposées.

3. Orig. scellé aux Arch. comm. de Tournai.

habitants de Tournai qu'il a nommé Jean de Livry gardien de cette ville, et que le parlement a fixé à cent sous par jour les gages de ce fonctionnaire. L'acte constate que Jean de Livry devra avoir avec lui au moins cinq damoiseaux et que ses gages lui seront payés par la ville de Tournai, laquelle lui tiendra compte, en outre, du prix de ses chevaux s'il vient à les perdre.

Cette nomination d'un gouverneur royal à Tournai avait beau être motivée par des circonstances exceptionnelles, elle n'en constituait pas moins un fait absolument insolite et une nouvelle étape dans la voie de la centralisation, de l'extension du pouvoir royal. Il ne paraît cependant pas que les Tournaisiens se soient préoccupés des conséquences que la nomination de Jean de Livry pouvait avoir pour leur liberté. Il est vrai que leur situation devait être alors des plus pénibles et pouvait bien leur faire supporter une nouveauté qu'en temps ordinaire ils n'auraient pas acceptée sans de véhémentes protestations. Il faut dire aussi que la mission de Jean de Livry ne dura que fort peu de temps et qu'après lui il n'y eut plus de gardien royal de la ville de Tournai. On peut même se demander, en lisant le mandement adressé par le roi au bailli de Vermandois le 18 janvier 1324[1], si Jean de Livry est allé jusqu'à Tournai. Dans ce mandement, conçu à peu près dans les mêmes termes que l'acte de nomination de Jean de Livry, le roi, en effet, donne au bailli de Vermandois mission de se rendre auprès du comte de Hainaut pour obtenir de lui qu'il cesse de molester les habitants de Tournai et leur fasse amende honorable. Or, le roi, dans cette lettre, ne fait aucune allusion à la mission confiée par lui, quelques jours auparavant, à Jean de Livry.

Ce mandement au bailli de Vermandois semblerait indiquer que Charles IV préférait négocier que d'avoir recours à la force. Il est, en tout cas, certain qu'il était loin d'avoir renoncé aux voies diplomatiques et judiciaires, puisque, le 12 mai 1324[2], il

1. En vidimus dans un rapport (orig. aux Arch. comm. de Tournai) adressé au bailli de Vermandois par Jean de Tiergeville, commis à l'exécution du mandement. On remarquera que l'acte est daté de Paris, mais que le roi n'était certainement pas ce jour-là dans la capitale, puisque le 22 janvier, comme le montre une lettre orig. scellée conservée aux Arch. de Tournai, le roi se trouvait à Toulouse. Au reste, l'acte du 18 janvier est scellé du sceau du Châtelet de Paris en l'absence du grand sceau royal.

2. Orig. scellé, daté de Saint-Germain-en-Laye, aux Arch. comm. de Tournai.

écrivait au même bailli de Vermandois qu'il avait évoqué la cause de la ville de Tournai contre le comte de Hainaut, qu'elle se déciderait par-devant le conseil royal à la Pentecôte prochaine et qu'il eût à citer le comte de Hainaut et les magistrats communaux de Tournai à comparaître par procureurs devant ledit conseil.

Le bailli de Vermandois, qui était alors Pierre de Beaumont, s'empressa de charger un sergent du bailliage d'aller faire les citations prescrites par le roi. Ce sergent, le 8 juin 1324, adressait directement au roi son rapport sur sa mission et spécialement sur l'accueil qui lui avait été fait par le comte de Hainaut. Je crois devoir reproduire ici textuellement le texte de ce rapport, auquel on voudra bien sans doute reconnaître une certaine saveur. On y verra le comte de Hainaut refuser formellement de se soumettre à la juridiction royale, et ce dans des termes plutôt vifs, puis le même comte se radoucir et finir par déclarer qu'il se fera représenter au jour fixé par le roi, non pas toutefois pour plaider sa cause, mais, au contraire, pour s'excuser de ne point vouloir accepter la juridiction du conseil royal :

A très excellent prinche, sen très chier et redouté segneur, monsegneur Charle, par la grâce de Diu roy de France et de Navarre, li vostres petis vallés, Jehans Barras, serjans généraus en la ballie de Vermendois, subjection et obéissance à vos commandemens, avoech toute révérence et toute honneur.

A vostre royal majesté je signefie humblement que, par la vertu de vos lettres et du mandement men chier segneur et mestre Piere de Biaumont, balliu de Vermendois, ouquel mandement ceste présente rescriptions est annexée, je me transportai au Kesnoit en Haynau, pardevant haut et poissant prince monsegneur le conte de Haynau, et li dis de par vous que j'avoie lettres et mandement que je li segnefiasse certainnes ordenances par vous et par vostre grant consel, faites sour le débat meu entre ledit conte, d'une part, et les prévos, jurés, gouverneurs et communauté de Tournay, d'autre, lesqueles lettres il prist en ma main, et les fist lire à son consel à part par religieus homme l'abbé de Vicongne, et tantost le mes rendi de sa main en disant : « Vallés, tien tes lettres. Si t'en va; et si te lo « que tu ne me viegnes plus adjourner; si feras que sages. Et saces « bien que je ne sui pas à adjourner au roy et que je n'i obéirai jà. » Et je li dis : « Sire, le mandement dou roy monsegneur me convient « faire, et tout ensi que il est contenu en ces lettres je le vous fach

« et le vous certefie, et vous requier que vous i obéissiés. » Et il me
respondi : « Encor te di-ge que je ne sui point tenus d'ajourner
« devant le roy et que je n'i obéirai jà. Mès, pour le honnour dou
« roy, jou irai ou envoierai à le journée pour mi excuser ; mès je
« n'en ferai jà prochées devant lui, ne ne sai roy qui m'i constraingne.
« Et comment que ces lettres dient que mes gens furent présent et
« consentant à celle ordenance faire, je ne le croy mie ; et se fait
« l'avoient, se n'en avoient-il de mi point de pooir, ne je ne les en
« avoerai. Cil de Tournay soloient iestre mi boin voisin, et il m'ont
« fait despit, et je l'amenderai kant je porrai. » Et plusieurs autres
grosses et hautes paroles dist li dis coens pour se volenté, qui ne sont
pas à escrire. Et adont prist li dis abbés de Vicongne mes lettres, et
dist que elles venoient à monsegneur le conte, et les vot détenir. Et
je li dis que men mandement ne devoit-il pas retenir, mais bien l'en
donroie copie ; et parmi tant que je li donnai un vidimus de Caste-
lait, fait sus vostredite ordenanche, il me rendi mes lettres. Toutes
ces coses furent faites et dites en le présence doudit abbé de Vicongne,
de mons. Henri de Jondongnes, segneur de Loys, consellier doudit
conte, de mons. Théri dou Casteler, son balliu, de mons. Symon,
frère audit conte de bas, et de plusieurs autres, et aussi en la présence de Jehan Copestart, homme dou roy en la ballie de Tournésis,
et de Gillion de Bierquis, clerch ; lesquels Jehan et Gille jou menay
avoech moi pour oïr les coses dessusdites. Et avoech chou j'ai adjourné
aussi au mois de Penthecouste pardevant vous, sire, le procureur des
prévos, jurés, gouverneurs et communauté dessusdis, selonch le
teneur de vosdites lettres.

En tiesmoingnage desqueles coses j'ai mis men seel à ces présentes
lettres, qui furent faites et données le venredi après le jour de le
Penthecouste, l'an de grasse mil trois cent vint et quatre[1].

On voudrait savoir comment s'est terminée cette affaire entre
la ville de Tournai et le comte de Hainaut. Malheureusement, les
documents maintenant vont faire défaut et nous laisser ignorer
quelle suite le roi donna à la réponse faite par le comte au sergent
royal et comment l'affaire elle-même aboutit, si tant est qu'elle
ait pris fin. Nous avons, en effet, quelque raison de soupçonner
qu'elle a pu demeurer en l'état et que c'est encore aux gens du

---

1. Tournai, Arch. comm., Chartrier, layette de 1324 ; orig. scellé sur simple
queue de parchemin, cire verte.

comte de Hainaut que Charles IV, le 26 août 1327[1], faisait allusion quand il chargeait le bailli de Lille, Douai et Tournaisis, d'assumer la défense des Tournaisiens, qui, d'après leur propre dire, redoutaient les outrages de certains de leurs voisins. Le roi rappelle à cette occasion que les habitants de Tournai sont, eux, leurs gens et leurs biens, sous sa sauvegarde. Le bailli de Lille, Douai et Tournaisis, devra donc les défendre contre toute violence et installer à Tournai, aux frais de la ville, un ou plusieurs sergents royaux pour assurer cette protection.

*
* *

J'ai noté le respect du roi Charles IV pour les privilèges des Tournaisiens et j'en ai donné plusieurs preuves. Mais j'ai dû constater que, dans le même temps qu'il protestait de sa volonté de maintenir les droits des gens de Tournai, il ne se faisait pas faute de les battre en brèche dans l'affaire des taverniers. En outre, si le roi ne va jamais franchement à l'encontre des privilèges anciens de nos Tournaisiens, il se garde de leur en accorder de nouveaux. Même, quand il s'agit d'en proroger un que la situation financière de la ville de Tournai rend à peu près indispensable, il y met fort peu de bonne volonté. La preuve s'en trouve dans un excellent mandement adressé d'Angers, le 24 novembre 1323, au bailli de Vermandois. Avant de proroger au magistrat de Tournai le droit de percevoir un impôt sur les vins, Charles IV veut, en effet, que son bailli fasse une enquête sur l'origine de cet impôt, sa quotité, sa destination, son utilité, et sur les sentiments des habitants de Tournai à son égard[2]. Et,

---

1. Cette lettre, datée de Nouan-sur-Loire (*Apud Noam*), est en orig. scellé aux Arch. comm. de Tournai.

2. Voici le texte complet de ce curieux document, qui se conserve en vidimus orig. scellé du prévôt de Paris, Jean Loncle, aux Arch. comm. de Tournai : « Karolus, Dei gratia Francorum et Navarre rex, baillivo Viromandensi, vel « ejus locum tenenti, salutem. — Ex parte dilectorum nostrorum prepositorum « et juratorum ac communitatis ville Tornacensis, nobis est supplicatum ut cum « ipsi, tam propter guerras Flandrie quondam, quam ob certas causas alias, « sint erga nonnullos creditores in diversis et magnis debitis obligati, de quibus « sattifacere nequeunt, ut asserunt, nisi super hoc per nos de remedio provi- « deatur oportuno, nos assisiam alias per carissimum dominum et germanum « nostrum regem Phillipum, et per nos, eis concessam gratiose pro suorum « solutione debitorum usque ad certum tempus levandam in dicta villa, prout « eam alias habuerunt et levaverunt, de gratia speciali prorogare dignaremur,

dix-huit mois plus tard, ce n'est que vu l'urgence et l'évidente nécessité qu'il autorise, par lettres données à Fontainebleau le 24 mai 1325[1], la prorogation de cet impôt, que le roi lui-même qualifie ici de maltôte.

A cette question de la maltôte, ou, comme on l'appelait encore, de l'assise que les prédécesseurs de Charles IV avaient autorisé la ville de Tournai à lever, et que Charles IV lui-même se voyait ainsi dans la nécessité de proroger, à cette question se rattache celle de la situation financière de notre ville sous Charles le Bel. Déjà, en exposant l'affaire des taverniers, j'ai fait allusion à cette situation. Il est certain que les guerres de Flandre, sous Philippe le Bel, l'avaient rendue relativement pénible. Philippe le Long le déclare dans la charte du 12 juin 1320[2], quand il dit que, s'il a octroyé aux Tournaisiens l'assise appelée maltôte, c'est *pro relevatione onerum ville de Tornaco, in quibus dicebatur propter guerras et multa alia incommoda subjacere.* Et Charles IV lui-même, dans l'acte du 24 novembre 1323 que je viens de reproduire[3], reconnaît que les Tournaisiens, *tam propter guerras Flandrie quondam, quam ob certas causas alias, sunt erga nonnullos creditores in diversis et magnis debitis obligati.* D'autre part, dans la lettre adressée par les Tournaisiens au roi le 31 décembre 1324[4], on lit que toutes les assises levées à Tournai ont été « converties ou profit évident de ledite cité, en « descarchant le ville de griez debtes et en païant les rentes à vie

« nos vero antea certiori volentes per quot temporis spatium ipsi dictam assi-
« siam preteritis temporibus habuerunt, et quanto eam levaverunt et exegerunt,
« et super quibus et in quos usus assisia hujusmodi conversa extitit, et si sit
« neccessitas quod assisia hujusmodi eisdem concedatur et prorogetur, et ad
« quale tempus, et utrum esset utile vel prejudicabile rei publice, et si com-
« munitas et populus dicte ville et patrie ad hoc se vellet consentire, idcirco
« mandamus tibi quatinus de et super premissis omnibus et singulis, et eorum
« circonstanciis universis, vocatis vocandis, te diligenter informes, informatio-
« nem quam inde feceris nobis sub tuo fideliter intercluso sigillo quantocius
« remissurus, ut super hoc faciamus quod viderimus faciendum. — Datum apud
« Andegavos, xxiiii[a] die novembris, anno Domini M° CCC° vicesimo tercio. »

1. En copie à Paris, Arch. nat., JJ 62, fol. 219 *b*, et en vidimus, délivré par le roi lui-même, dans une charte orig. scellée, datée de juin 1325, aux Arch. comm. de Tournai.

2. Cf. ci-dessus, p. 15, note 1.

3. Voy. la note 2 de la page précédente.

4. Publiée ci-dessus, p. 32.

« et à héritage que li ville devoit et doit pour l'occoison des fer-
« metez et des dommages que li cours de le ville a eut pour l'oc-
« coison des guerres, en wardant avec chou les libertés de ledite
« cité, et pour les autres neccessités d'icelle cité. » La maltôte,
en dépit de son nom, semblait donc des mieux justifiées à Tournai, et, si l'on s'étonne d'abord des difficultés que Charles le Bel
a faites pour la proroger, il semble tout naturel, au contraire,
qu'il s'y soit enfin résolu[1].

Mais, en homme pratique, Charles IV voulut que cette prorogation, qu'il considérait comme une grande faveur accordée aux
gens de Tournai, lui fût payée et procurât à la couronne de sérieux
avantages. D'abord, il se réserva de nommer des « députez à lever
« l'assise ottroiée de par lui aus prévoz et aus jurez de la ville de
« Tournay, » comme le montre une lettre du 10 octobre 1326[2],
adressée à deux bourgeois de Tournai, Guillaume de Vaudripont
et Libiert Villain, qualifiés comme je viens de dire. C'était un
nouveau pas dans la voie de l'extension du pouvoir royal. En
outre, il entendait bien que l'assise servirait, le cas échéant, à la
couronne elle-même. Il s'en trouve une preuve dans une lettre
fort intéressante, datée du 20 septembre 1326, où le roi demande
aux prévôts et jurés de Tournai de remettre à Pierre de Galard
600 livres parisis « pour baillier à certaines personnes desqueles
« il sait bien les noms[3], » complétée par la lettre du 10 octobre

---

1. Par la lettre du 24 mai 1325, déjà citée, p. 34.

2. Il y a aux Arch. comm. de Tournai deux exemplaires orig. scellés de cette
charte, dont voici le texte : « Charles, par la grâce de Dieu rois de France et
« de Navarre, à noz amez Guillaume de Vaudripont et Libiert Villain, bourgois
« de Tournay, députez de par nous à lever l'assise ottroiée de par nous aus
« prévoz et aus jurez de la ville de Tournay, salut et dilection. — Comme les-
« diz prévoz et jurez de ladite ville aient presté, de nostre commandement et
« pour certaine cause, sis cenz livres parisis à nostre amé et féal chevalier Pierre
« de Galart, maistre de noz arbalestiers, nous vous mandons que, veues ces
« lettres, vous païez ausdiz prévoz et jurez lesdites sis cenz livres de l'argent
« que vous avez reçeu de ladite assise, sanz nul délay. — Donné à Chastiau-
« Thierri, le x jour d'octobre, l'an de grâce mil CCC vint et sis. — Par le roy,
« à la relacion P. Rémy, Barr[ière]. »

3. Orig. scellé aux Arch. comm. de Tournai conçu en ces termes : « Charles,
« par la grâce de Dieu rois de France et de Navarre, à noz amez les prévoz et
« jurez de la ville de Tournay, salut et dilection. — Comme nous, pour cer-
« taines besoignes secrètes que nous avons à fere, envoïons Pierres de Galard,
« nostre amé chevalier et mestre de noz arbalestiers, et pour icelles faire
« aïons besoing de sis cenz livres parisis, c'est assavoir le gros tournois pour

1326, à laquelle je viens de faire allusion, et où le roi ordonne à Guillaume de Vaudripont et à Libiert Villain de rembourser aux prévôts et jurés de Tournai, sur le produit de l'assise, les 600 livres prêtées par eux, sur sa demande, à Pierre de Galard.

Du fait des guerres de Flandre et de la nécessité de renforcer alors ses fortifications, la ville de Tournai avait donc contracté de grosses dettes, à telles enseignes qu'une seconde lettre du 10 octobre 1326[1] nous apprend qu'un prélèvement annuel de 600 livres parisis sur l'assise ne suffirait pas à les amortir. Mais, grâce à cette assise, la ville était en position de faire face à bien des dépenses. Cette même seconde lettre du 10 octobre 1326 nous la montre effectuant dans le lit de l'Escaut d'importants travaux. Cette année-là, comme la précédente d'ailleurs, la sécheresse avait été excessive[2]. Le fleuve qui traverse Tournai était donc devenu si petit qu'il « ne povoit mie porter naive. » Il fallut songer à l'approfondir, et, pour ce faire, le roi n'hésita pas à permettre aux Tournaisiens de prélever sur le produit de l'assise 600 livres parisis, à ajouter aux 600 qu'on prélevait déjà pour l'extinction des dettes de leur ville.

Peu de temps après, Charles IV faisait un nouvel appel à la caisse communale de Tournai. Il lui fallait « ayde et subvention « pour maintenir ses geires de Gascogne, » où les Anglais, après avoir donné fort à faire à Charles de Valois, mettaient en péril

« douze deniers parisis, pour ballier à certaines personnes desqueles nostredit « chevalier sait bien les nons, nous vous prions et requérons bien acertes et de « cuer, que vous, pour l'amour et l'affeccion de nous, toutes excusations arrière « mises, faciez pourvoiance desdites sis cenz livres, en tel monnoie comme dit « est, et les balliez ou faites ballier et délivrer tost et sans délai à nostredit « chevalier, pour fere ce que dessus est dit. Et vous prenez certain jour compé- « tent, auquel nous vous ferons fere plaine sattisfacion et délivrance de ladite « somme, sans deffaut. Si vuilliez tant fere sur ceste pourvoiance et délivrance « que nous vous en doions savoir gré, et que nous puissons clerement veoir « et appercevoir la grant volenté que vous avez de bien aidier et pourchacier « à fere les choses que nous avons à cuer, car se vous estiez défaillanz de ce « fere que dit est, nous y aurions grant dommage. — Donné à Chasteau-Terry, « le xxᵉ jour de septembre, l'an de grâce mil CCC vint et sis. — Par le roy, à « la relacion dou segneur de Noïers, Mordret. »

1. Arch. comm. de Tournai, 2 exempl. orig. scellés.

2. Cette sécheresse des années 1325 et 1326 a été constatée par les chroniqueurs, par le continuateur de Nangis entre autres (Cf. *Historiens de France*, XX, 612).

Alphonse d'Espagne[1]. Ce capitaine, bâtard d'Alphonse de la Cerda et petit-fils de Blanche, fille de saint Louis, avait été chargé par Charles IV, après la mort de Charles de Valois, de rétablir l'ordre en Gascogne. Il était loin d'y réussir. Aussi, pour pacifier cette province, le roi dut recourir aux grands moyens. Vers la fin de décembre 1326, il s'adressa à ses bonnes villes. Celle de Tournai ne donna sa réponse que le jour de mi-carême (22 mars) 1327. Elle fut portée à Noyon par sire Jacques d'Esplechin et par maître Gérard de l'Espée, « liquel fizent response « pour le vile en le manière que chi apriès s'ensuit : c'est li res- « ponse faite par le vile de Tournai à la requeste faite pour nostre « signeur le roy par lesdis chevaliers [Pierre de Guignières et « Pierre de Roye] : que tous jours la ville de Tournai a servi le « roy no signeur bien et loyaument et ses prédécesseurs, et ser- « viront tous jours sans faute nule, en la fourme et en la manière « que leur ancisseur ont servi as rois nos signeurs, et tous jours « sont apparelliet de lui servir bien et loiaument en la manière « dessusdite[2]. » On voit que l'art de parler pour ne rien dire n'était pas ignoré des Tournaisiens de l'an de grâce 1327.

Ainsi le roi entendait bien, quand il autorisait les magistrats communaux de Tournai à lever chez eux un impôt, que le produit de cet impôt pourrait, le cas échéant, venir en aide au pouvoir royal, pour ses « besoignes secrètes » comme pour ses « geires « de Gascogne, » ou comme encore « pour aucunes coses faire et « dire par devers le conte de Haynau, toukans à ledite vile [de « Tournay][3]. » Mais il entendait également que l'impôt servirait à

1. Cf. à ce sujet la *Chronique de Saint-Denis* (*Historiens de France*, XX, 714) et la *Continuatio G. de Fracheto* (*Ibid.*, XXI, 64).

2. Arch. comm. de Tournai, reg. de cuir noir, fol. lxxiij *b*.

3. Ce sont les termes de la lettre suivante, conservée en orig. scellé aux Arch. comm. de Tournai : « A tous cheaus qui ces présentes lettres veront ou « oront, Gherars Quires, chevaliers et conselliers dou roy no sire, et Andrius « de Charroles, ballius d'Amiens, salut. — Sachent tout que nous avons recheu « par les mains de Willaume de Waudripont et Libert Vilain, députés à reche- « voir le assize ou maletôte comant en la ville de Tournay de par le roy no « sire, onse vins et seze livres paresis, lesquels onze vins seze livres il nous « ont balliés par le vertu d'un mandement dou roy no sire, pour aucunes coses « faire et dire par devers le conte de Haynau, toukans à ledite vile. — En ties- « moing de chou nous avons ceste présente lettre séellée de nos seaus, qui fu « faite et donnée l'an de grasse mil trois cens vint et sept, le xxviie jour de « julé. »

des travaux d'utilité publique, tels que l'amélioration du cours de
l'Escaut, et surtout qu'on en profiterait pour entretenir et renforcer les fortifications de Tournai. Il y en a une preuve certaine
dans la lettre que voici :

Charles, par la grâce de Dieu roys de France et de Navarre, aus
collecteurs de l'asise de la ville de Tournay, salut. — A la supplica-
tion des prévoz, jurez et gouverneurs de ladite ville de Tournay, nous
vous mandons que des deniers de ladite assise vous leur délivrez trois
cens livres tournois, pour certaines causes et neccessités, besoignes
qu'il ont à faire et poursuir pour ladite ville, en tele manière que il
puissent lesdites besoignes poursuir, et que il n'i ait deffaut. Et awec
ce, comme par l'ordenance de noz gens députez ad ce, vous, des
deniers de ladite assise, doiez chascun an soutenir deus tours de cou-
verture et de autres neccessitez pour la forteresce de ladite ville, et
nous entendiens que vous aiez bien plus d'argent que il ne convient
pour la soutenue desdites deus tours, que vous en poez bien plus
soutenir et amander sens grever à la paie des dettes de ladite ville,
nous vous mandons que, se il est ainsi, vous, tout ce que vous pou-
rez boinnement mettre en la soutenance et en l'amandement desdites
forteresces outre la soutenue desdites deus tours, vous y metez,
espécialement à la porte Saint-Martin, se vous véez que il y soit le
plus neccessaire ; mais bien gardez que il n'i ait faute par ce en la
paie desdites debtes selonc l'ordenance faite seur ce. — Donné à Nan-
teul le Hodoin, le xe jour de décembre, l'an de grâce mil CCC vint et
sept. — Par le roy, à la relacion mons. Dreue de Roye, Mah...[1].

Avoir en Tournai un poste avancé très sûr vers la Flandre,
c'est toujours, en effet, pour le roi de France une nécessité abso-
lue. On comprend donc son souci pour la sécurité de cette place.
Et, comme il faut qu'au dedans des fortifications les plus solides
il y ait des cœurs fidèles, dans le même temps qu'il se préoccupe
de la forteresse et de ses remparts, comme dans la lettre qu'on
vient de lire[2], ou de son approvisionnement, comme dans celle

1. Orig. scellé aux Arch. comm. de Tournai, Chartrier, layette de 1327.
2. On conserve à Tournai, aux Arch. comm., en orig. scellé, une lettre datée
de Tournai, le 1er jour de septembre 1325, où Thomas de Marfontaines, chevalier et conseiller du roi, s'adressant « à Willaume de Waudripont et Libert Vil-
« lain, receveurs députez de par le roi à lever l'assiete de la ville de Tournay, »

du 25 novembre 1324[1], le roi prend soin de s'assurer les bonnes
grâces de la garnison, je veux dire des habitants de Tournai eux-
mêmes, car c'était sur eux que reposait presque exclusivement la
charge de la défense de leur ville.

Pendant tout le règne de Charles IV, en dépit des efforts réité-
rés du pouvoir royal pour s'étendre aux dépens du pouvoir communal, nous voyons l'accord se maintenir entre le roi et ses sujets
de Tournai. Il règne même entre eux, si j'ose dire, une certaine
intimité, dont je trouve des preuves dans la curieuse lettre des
Tournaisiens au roi du 31 décembre 1324[2], comme dans celle du
roi aux magistrats communaux de Tournai du 20 septembre
1326[3]. C'est que Charles IV, malgré tout son désir de fortifier
l'autorité souveraine, sent le besoin de ménager des gens qui,
bien que perdus au milieu de peuples hostiles à la France, ne

s'exprime en ces termes : « Les prévos et les jurés de la ville de Tournay si
« ont monstré à sage home et discret monsegneur Andrieu de Florence, clerc
« et consellier du roi, et à nous aussi, que pour garnir ledite ville de Tournay
« de ce qui maintenant est neccessaire, tant pour artillerie que comme pour le
« guet que il i convient faire de jour et de nuit, il ne le pourroient bien faire
« des sis cenz livres que sages homs et discres monsegneur Michel Mauconduit
« et nous ordenasmes de par ledit nostre segneur le roi, comme commissaires
« à ce députez de par li, preissent chascun an sus ladite imposition, tant comme
« elle durra, pour supporter les frais de ladite ville ; pourquoi, nous regardans
« que besoings est que ladite ville soit quant à maintenant souffisamment garnie
« d'artillerie et de sergans qui de jour et de nuit facent guet en ladite ville,
« avons ordené, du conseil dudit monsegneur Andrieu, que de l'argent de ladite
« assiete l'en leur ballie deus cens livres parisis, pour une fois tant seulement,
« oultre lesdites sis cenz livres parisis dessusdiz. Si vous mandons, pour le
« besongn qui évidens est, que vous ausdiz prévoz et jurez bailliez lesdites
« deus cenz livres parisis de l'argent de ladite assiete, pour lesdites garnisons
« et le guet dessusdit faire ; desqueles deus cenz livres nous volons que vous
« sachez comment elles seront emploiiées, et que comptes vous en soit renduz,
« si que vous en sachez respondre quant temps sera. »

1. Cette lettre est datée de Saint-Germain-en-Laye ; elle est aux Arch. comm.
de Tournai en vidimus orig. scellé du prévôt de Paris, Jean Loncle. Le roi
s'y adresse au bailli de Vermandois ; il lui déclare que la défense d'exporter de
France des vins et des vivres ne peut nuire à la ville de Tournai, bien que les
denrées françaises à destination de cette ville doivent nécessairement sortir du
royaume et passer par le Hainaut ou le Brabant. En conséquence, le bailli de
Vermandois prendra les mesures nécessaires pour assurer le ravitaillement de
Tournai.

2. Je l'ai publiée ci-dessus, p. 32.

3. Publiée ci-dessus, p. 44, note 3.

cessent cependant de tenir haut et ferme, à leurs très grands
risques, la bannière de leur roi. Ces vaillants Français méritent
assurément des égards particuliers, et l'on conçoit que Charles IV
se soit efforcé de conserver leur fidèle appui. Il en trouva l'occasion, notamment quand il les maintint sous l'autorité du bailli de
Vermandois.

C'était un de leurs privilèges auxquels les Tournaisiens tenaient
le plus que celui de ressortir à ce bailli. J'ai eu l'occasion de le
dire déjà quand j'ai exposé ci-dessus les tentatives de Philippe V
pour créer un bailli de Tournai. La situation de notre ville
demeura sous Charles IV ce qu'elle était à la fin du règne de
Philippe le Long, je veux dire que Tournai continua de ressortir
au bailli de Vermandois et d'échapper à l'autorité du bailli, quel
que fût son titre, qui avait dans son ressort la province de Tournaisis. Une lettre patente, datée de janvier 1325[1], le dit expres-
sément : nonobstant tout acte contraire, la ville de Tournai est
du ressort du bailliage de Vermandois exclusivement; pas plus le
gouverneur des frontières de Flandre que le bailli de Tournaisis
n'y a d'autorité. Ce que confirme un mandement adressé par le
roi, de Paris, le 12 décembre 1325[2], au bailli de Tournaisis, en
ces termes bien nets : « Mandamus tibi quatinus cives et habita-
« tores civitatis Tornacensis, cujuscunque status aut condicionis
« existant, alibi quam apud Sanctum Quintinum in Viroman-
« dia... non facias ressortiri. »

Le 12 décembre 1325, il y avait donc un bailli de Tournaisis.
Antérieurement, l'existence d'un officier de ce titre peut être
constatée sous Charles IV : 1° par un mandement du 12 mars
1323, que l'on trouvera à sa date parmi les *Chartes de l'abbaye
de Saint-Martin de Tournai*[3]; 2° par une lettre du 7 mai
1323[4], adressée par le roi, de Paris, « Tornacesii et Insulensi
« ballivis, ac gardiatori in fronteriis Flandrie; » 3° par l'acte
d'acquisition de l'avouerie de Tournai, dont je parlerai plus loin,
et qui est du 22 juin 1323[5]; 4° par un mandement du 12 octobre

---

1. Tournai, Arch. comm., Chartrier, layette de 1324; orig. scellé, cire verte.
2. Ibid.; orig. scellé, cire blanche.
3. Ces *Chartes* s'impriment en ce moment dans la *Collection de chroniques
belges inédites*.
4. Orig. scellé aux Arch. comm. de Tournai.
5. Arch. nat., à Paris, J 229 A, n° 28; orig. scellé.

1323[1]; 5° par un autre du 20 décembre de la même année 1323[2]. Mais nous voyons, dans un acte du 3 janvier 1324[3], que le personnage auquel le roi donnait le titre abrégé de bailli de Tournaisis s'intitulait lui-même bailli de Mortagne et de Tournaisis. Tel était le titre officiel, sans doute ; mais l'usage était de dire : le bailli de Tournaisis, comme cette note, *la Relation du baillif de Tournoisis*, inscrite au dos d'un rapport adressé au parlement par « Thumas de Sayre, baillius de Tournésis et de Mortagne, » le démontre absolument[4].

Le bailli de Tournaisis, auquel le roi s'adressait le 12 décembre 1325, n'existait plus le 22 mai de l'année suivante ; il était alors remplacé par un bailli de Lille, Douai et Tournaisis[5]. Il semble donc prouvé qu'il y eut, entre les mois de décembre 1325 et mai 1326, une réforme administrative. On peut inférer d'un passage d'un registre du parlement[6], où l'on voit, le 13 juin 1326, *Egidius de Loco Sancti Amandi, prepositus de Tornesis,* plaider contre les prévôts et jurés de la ville de Tournai, qu'au remaniement des circonscriptions administratives avait été juxtaposée la création de prévôts royaux dans le nouveau bailliage de Lille, Douai et Tournaisis. En tout cas, si l'existence de prévôts royaux à Lille et à Douai en juin 1326 reste douteuse, celle d'un prévôt royal de Tournaisis à cette époque est, comme on vient de le voir, absolument certaine.

Les changements dont je viens de parler étaient peut-être accomplis déjà le 29 décembre 1325. Ce qui le ferait supposer, c'est qu'à cette date Charles IV, ayant à donner des ordres pour la reconstitution des finances de l'abbaye de Saint-Martin de

---

1. En vidimus orig. scellé du prévôt de Paris, Jean Loncle, d'un vidimus de « Thumas de Saire, ballius de Mortagne et de Tournésis..., donné le jour « saint Piere k'on dist entrant Fenail [1324|, » et conservé aux Arch. comm. de Tournai, Chartrier, layette de 1324.

2. En vidimus orig. scellé de Thumas de Sayre, bailli de Tournésis et de Mortagne, aux Arch. comm. de Tournai.

3. Orig. scellé aux Arch. comm. de Tournai, Chartrier, layette de 1323.

4. Je rappelle que le rapport dont il est ici question est publié ci-dessus, p. 29.

5. Preuve dans un mandement adressé du Val « ballivo Insulensi, Duacensi « et Tournacesii, » conservé aux Arch. comm. de Tournai, en vidimus orig. scellé du bailli de Vermandois.

6. X[1a] 8844, fol. 311 *a*.

Tournai[1], écrivait aux baillis de Lille et de Vermandois. Ne se serait-il pas, dans ce but, adressé au bailli de Tournaisis s'il en avait encore existé un? Je crois donc que, dès la fin de l'année 1325, le bailli de Tournaisis avait fait place au bailli de Lille, Douai et Tournaisis.

Je ne puis citer que deux noms de baillis de Tournaisis sous Charles IV, ceux de Pierre Buisson en 1323 et de Thomas de Sayre ou de Serre[2] en 1323-1324. Mais je suis en mesure de signaler Jean de Sottenghien, lieutenant du bailli de Tournaisis Pierre Buisson[3], et de nommer trois baillis de Lille, Douai et Tournaisis. Ce sont : Gilles Haquin, Thomas de Serre et Renard de Choisuel. Le 13 novembre 1326, le premier était gouverneur des frontières de Flandre en même temps que bailli de Lille, Douai et Tournaisis[4]. Il ne conserva pas longtemps cette double fonction, car dès le mois de mars 1327 on voit que le bailli de Lille était Thomas de Serre[5], qui lui-même, le 26 janvier 1328, était déjà remplacé par un fidèle de Philippe de Valois, sans doute, qui s'appelait Renard de Choisuel. Ce chevalier, à la date que je viens de dire, portait le titre de bailli et gouverneur de Lille, de Douai, du Tournaisis et des dépendances[6]. On voit que l'instabilité administrative ne date pas d'hier; on la trouve toujours, d'ailleurs, dans les périodes de transition.

Je compléterai ce que j'ai à dire du bailliage de Tournaisis sous Charles IV, en constatant qu'alors les causes de ce bailliage sont appelées au parlement, à Paris, immédiatement après celles du bailliage de Vermandois. C'est ce qu'on apprend, notamment, de l'Ordonnance des jours du parlement pour novembre 1327, où il est dit que le lendemain de la Saint-Martin d'hiver commencèrent les jours du bailliage de Vermandois et du bailliage *Tor-*

---

1. Le mandement royal du 29 décembre 1325 sera à sa date parmi les *Chartes de l'abbaye de Saint-Martin de Tournai* (dans la *Collection de chroniques belges inédites*).

2. Son nom latin est Th. de Sarra (Arch. nat., KK 1, p. 559). Dans un mandement du 20 septembre 1327 (qui sera parmi les *Chartes de l'abbaye de Saint-Martin de Tournai*), Charles IV l'appelle Th. de Serre.

3. En juin 1323 probablement (Arch. nat., KK 1160, n° 12 *A*).

4. Preuve dans un acte signalé par Diegerick, *Inventaire des archives et documents de la ville d'Ypres,* II, 18.

5. *Ibid.,* à la date.

6. *Ibid.,* II, 34.

nesii, Insule et Duacensis. La même disposition se retrouve dans les Ordonnances des jours du parlement pour les années antérieures à 1327[1].

*
* *

On a conservé une grande quantité d'actes de Charles IV pour Tournai, ses magistrats, ses bourgeois, ses monastères. Il serait oiseux de les signaler ici tous. Ceux qui concernent la grande abbaye bénédictine de Saint-Martin de Tournai vont être publiés dans le recueil des chartes de cette abbaye qui s'imprime en ce moment pour la Commission royale d'histoire de Belgique. Un autre document, en quelque sorte monastique, de Charles le Bel, est cette lettre du 18 janvier 1323[2], où il demande aux chanoines réguliers de Saint-Nicolas-des-Prés-lès-Tournai, en vertu de son droit royal, la nomination d'un confrère qu'il leur désigne. Parmi les lettres concernant, non pas la ville de Tournai, mais certains habitants de cette cité, je mentionnerai celle du 7 mai 1323[3], où Charles IV écrit de Paris aux baillis de Lille et de Tournaisis, ainsi qu'au garde des frontières de Flandre, pour leur prescrire de laisser Jean Maletôte à la juridiction ecclésiastique, s'il est bien prouvé que ce personnage est un clerc. Si ce Jean Maletôte est le même que le Jean de la Maletôte dont il a été question plus haut, à propos de l'affaire des taverniers, on ne s'étonnera pas qu'en mai 1323 le roi ait marqué sa bienveillance pour l'homme que, le 7 octobre suivant, il chargeait de défendre les droits royaux dans cette affaire[4]. Une autre lettre de Charles IV, bien que concernant surtout un certain Jean Moule, de Tournai, ne laisse cependant pas d'intéresser la vie communale elle-même. Ce Jean Moule se trouvait avoir reçu en prêt des échevins de Tournai une certaine somme d'argent qu'il offrait de leur rendre. Mais les échevins entendaient être remboursés en monnaie plus forte que la monnaie courante, et ce au mépris des ordonnances royales. Le roi intervint donc pour prescrire au bailli de Vermandois et

---

1. Cf. Boutaric, *Actes du Parlement*, II, p. 331, 396, 456, 478, 538, 583, 602 et 637.

2. En vidimus orig. de l'official de Tournai, aux Arch. comm. de cette ville.

3. Orig. scellé aux Arch. comm. de Tournai.

4. Par une lettre datée de Paris, conservée en vidimus de l'archidiacre de Léon et de Vincent du Chastel, commissaires du roi à Tournai, aux Arch. comm. de Tournai.

aux prévôts de Tournai, le 26 mai 1327[1], de veiller au respect
de ces ordonnances. Les échevins de Tournai accepteront, par
conséquent, d'être remboursés en monnaie courante, sans plus.
Enfin, il convient encore de mentionner l'acte du 6 mai 1327[2],
que complète celui du 16 janvier 1328[3]. Ce dernier présente cette
particularité qu'il émane de Philippe de Valois s'intitulant régent
de France et de Navarre, bien que Charles IV fût encore de ce
monde. Ces deux documents nous ouvrent une vue sur l'état du
commerce des draps à Tournai dans le premier tiers du XIVe siècle.
Les gens de Tournai, en effet, s'étant plaints que ceux de Lille
contrefaisaient les marques de leurs draps, après une enquête
conduite par les gardes des foires de Champagne, il fut jugé par
le parlement que la plainte n'était pas fondée. Mais l'intérêt de
ce jugement n'est pas dans son dispositif; il réside pour nous dans
ce considérant qui constate que les draps de Lille étaient alors
très supérieurs à ceux de Tournai.

J'ai signalé les convocations d'États généraux, si fréquentes
pendant le règne de Philippe le Long. Charles le Bel, au contraire, ne semble avoir réuni qu'une fois les députés de ses bonnes
villes. Ce fut en juin 1322. On a, en effet, conservé un rôle con-
tenant l'avis des villes « mandées à quinzaine de saint Jehan
« Baptiste [1322] sur le fait des monnoyes[4]. » Tournai figure au
nombre de ces villes.

Parmi les affaires pendantes à la mort de Philippe V et trans-
mises par lui à Charles IV, nous retrouvons celle des Tournaisiens contre les péagers de Péronne, depuis tant d'années en sus-
pens. En parlant de Louis X et de Philippe V, j'ai signalé les
mandements de ces princes à l'effet d'amener la solution de cette
affaire. Il est intéressant de noter la résistance que le pouvoir
royal rencontrait encore chez ses agents au commencement du
XIVe siècle. Ce procès des gens de Tournai contre les percepteurs
du péage de Péronne nous en fournit l'occasion. Commencé sous

---

1. Acte daté de Paris, conservé en orig. scellé, Ibid.
2. Orig. scellé, Ibid.
3. Cet acte est daté comme suit : « Dat. Parisius, in parlamento nostro, die
« XVI[a] januarii, anno Domini M° CCC° vicesimo septimo. » Il est en orig. scellé
sur double queue de parchemin, en cire blanche, aux Arch. comm. de Tournai,
Chartrier, layette de 1327.
4. Arch. nat., J 459, n° 17.

Philippe le Bel[1], il n'est pas encore terminé sous Charles IV, en dépit des sommations réitérées des trois fils du grand roi. Ce qu'était au juste ce procès, nous ne le savons pas, et notre ignorance à ce sujet est sans doute peu regrettable. Mais les incidents de tout genre suscités à l'occasion de cette affaire par le bailli de Vermandois, et dont, sous Charles le Bel, on trouve la trace dans les mandements royaux des 10 mars 1322[2], 4 mai 1324[3] et 28 mars 1326[4], permettent de saisir sur le vif la résistance au monarque d'agents administratifs qui semblent avoir été plus royalistes que le roi.

Non loin du péage de Péronne, où le roi de France fait percevoir par ses agents des redevances sur toutes les marchandises qui entrent dans le royaume ou qui en sortent, se trouve le péage de Bapaume, où la comtesse d'Artois exige un droit sur toutes les marchandises qui traversent ses domaines. La comtesse y prétend même si ces marchandises n'ont pas réellement passé par Bapaume. Elle se croit donc en droit de faire saisir à Paris des draps de Tournai qui ont pris une autre route et ont ainsi esquivé la redevance. Les magistrats communaux de Tournai, dès qu'ils ont connaissance de cette saisie, se plaignent au roi. Leurs concitoyens, disent-ils, sont en droit de vendre leurs draps en tous lieux et de les faire parvenir aux acheteurs par n'importe quelle voie, sans être le moins du monde astreints à emprunter celle de Bapaume. La saisie ordonnée par la comtesse d'Artois est donc

1. Cf. à ce sujet notre *Philippe le Bel et les Tournaisiens*, p. 213.

2. Orig. scellé, daté de Paris, aux Arch. comm. de Tournai. Le roi y mande au bailli de Vermandois de faire procéder à l'interrogatoire des témoins produits par les Tournaisiens dans leur affaire avec les péagers de Péronne.

3. Orig. scellé, daté de Paris, aux Arch. comm. de Tournai. C'est l'ordre au bailli de Vermandois d'inviter le procureur du roi à comparaître devant le bailli, ou devant les commissaires nommés par lui, pour terminer l'affaire des Tournaisiens contre les péagers de Péronne. Si le procureur est, ou se dit empêché, le bailli désignera quelqu'un pour le suppléer.

4. Arch. comm. de Tournai; orig. scellé, daté de Paris « xxviiia die martii « anno Domini Mᵒ CCCᵒ vicesimo sexto. » Comme, en 1326, Pâques est tombé le 23 mars et que cette fête, en 1327, n'a été célébrée que le 12 avril, il est à peu près impossible de dire si notre lettre est de 1326 ou de 1327. C'est un mandement au bailli de Vermandois. Le roi invite de nouveau cet officier à ordonner au procureur royal dans le bailliage de Vermandois de comparaître devant les commissaires désignés pour terminer l'affaire des Tournaisiens contre les péagers de Péronne.

injuste. Une lettre de Charles IV, du 5 mars 1323[1], en nous faisant connaître ces faits, nous apprend que l'affaire fut soumise au parlement. Nous ignorons la suite qui lui fut donnée par ce grand corps judiciaire; mais il est certain que le 30 mai 1323 l'arrêt du parlement n'était pas encore rendu. A cette date, en effet, le roi mandait au bailli de Vermandois de prendre les dispositions voulues pour que, durant le procès pendant entre les Tournaisiens et la comtesse d'Artois, les draps de Tournai pussent continuer à circuler comme auparavant[2].

*
* *

L'acquisition de l'avouerie de Tournai par le roi Charles IV constitue un fait important de l'histoire du Tournaisis, parce qu'il coïncide avec la disparition du dernier pouvoir féodal et marque un nouveau progrès du pouvoir royal dans cette province. Il convient donc de dire ici tout ce que l'on sait de cette acquisition.

L'histoire des avoués de Tournai est obscure. A l'origine, ce défenseur laïque de l'église de Tournai dut jouir des mêmes droits, remplir les mêmes devoirs que ses congénères des autres églises. Mais il est certain que, sous Charles le Bel, l'avoué de Tournai ne jouissait plus que d'avantages restreints et en quelque sorte nominaux. Son prédécesseur déjà était comme à la solde du roi de France[3] et probablement n'était pas riche. En tout cas, dès avant 1321, l'avoué de Tournai avait vendu au roi de France la seigneurie de Wez, son principal domaine, puisque, en mars 1321, comme je l'ai dit, cette seigneurie était donnée par Philippe V à l'évêque de Tournai en échange des droits féodaux du prélat à Tournai.

En l'an 1323, l'avoué de Tournai se nommait Richard Pilate. Il avait succédé dans l'avouerie à Anselme d'Aigremont, son frère[4]. Encore que, par l'échange de mars 1321 entre Philippe V et l'évêque de Tournai, l'hommage et le fief de cette avouerie eussent été cédés par l'évêque au roi, la cérémonie du transfert n'était pas accomplie au commencement de juin 1323. Ce n'est,

---

1. Orig. scellé, daté de Paris, aux Arch. comm. de Tournai.

2. En vidimus orig. scellé du prévôt de Paris, délivré le 27 novembre 1389, aux Arch. comm. de Tournai.

3. Cf. *Historiens de France*, t. XXII, p. 511 et 766.

4. Cf. Arch. nat., KK 1, p. 315.

en effet, que le 22 de ce mois qu'elle se fit en grande solennité,
dans le cloître de l'église cathédrale de Notre-Dame à Tournai.
On a conservé deux documents datés du 22 juin 1323 ; l'un, en
latin, est le procès-verbal notarié de la cérémonie du transfert au
roi de l'avouerie de Tournai[1] ; l'autre, en français, émane de
Pierre Buisson, bailli de Mortagne et de Tournaisis[2]. Ce dernier
document, plus court, plus précis que le premier, nous en apprend,
en somme, autant que le procès-verbal rédigé par le notaire
Nicole Sartiau. L'avoué de Tournai, nous dit Pierre Buisson,
commença, sur l'ordre de l'évêque, par sortir de l'hommage dudit
évêque pour entrer dans celui du roi. Cette opération ayant été
régulièrement effectuée, une autre suivit immédiatement, qui eut
pour effet de transférer au roi de France le fief de l'avouerie de
Tournai. Cette seconde opération se fit à grand renfort de forma-
lités, maître Pierre d'Aubigny, doyen du chapitre de Bourges,
représentant le roi et prenant, en son nom, possession de la chose
vendue. Car c'est bien d'une vente qu'il s'agit, consentie par
l'avoué et par Ève, sa femme, moyennant une somme que ni le
procès-verbal notarié ni la lettre de Pierre Buisson ne nous font
connaître, mais sur laquelle nous trouvons toute espèce de renseignements dans un des rares *Extractus thesauri* qui se conservent à Paris, aux Archives nationales[3]. Dans ce registre, sous
la date du mardi 29 mai 1324, nous constatons d'abord le paiement à Richard Pilate, jadis avoué de Tournai, pour prix de son
avouerie, de la somme de 2,990 livres tournois. Mais, indépen-
damment de cette forte somme, l'avouerie de Tournai en coûta
d'autres au roi. Le même registre nous en donne le détail et nous
apprend ainsi qu'il fallut rembourser à Pierre d'Aubigny les
dépenses de son voyage de Paris à Tournai ; il fut absent douze
jours, du 12 au 24 juin 1323, et reçut vingt livres parisis. En
outre, il fallut payer les hommes de fief du roi en Tournaisis qui
effectuèrent le transfert de l'avouerie au roi et qui reçurent pour
ce dix livres parisis. Quant à l'acte lui-même, il coûta à établir
quarante sous parisis.

Je donne ci-dessous[4] quelques extraits du document que je

---

1. Arch. nat., J 229 A, n° 28 *bis ;* orig. scellé.

2. Ibid., J 229 A, n° 28 ; orig. jadis scellé de onze sceaux, dont plusieurs sont
aujourd'hui perdus.

3. KK 1, p. 511.

4. « Cepimus super regem sic : Ricardus Pilate, advoatus quondam Torna-

viens d'analyser d'après le registre des Archives nationales. On
y remarquera que l'achat de l'avouerie de Tournai pour le roi
Charles IV y est attribué au maître des arbalétriers Pierre de
Galard, le même qui, en 1314, avait acheté pour Philippe le Bel
la châtellenie de Tournai. C'est un renseignement intéressant que
ne nous avaient donné ni le procès-verbal du notaire ni la lettre
de Pierre Buisson du 22 juin 1323.

CONCLUSION.

Il faut à ces Notes sur les trois fils de Philippe le Bel, qui successivement ont régné sur la France, quelques lignes de conclu-
sion. J'en trouve la matière dans les documents que j'ai mis en
œuvre pour cet article. N'en ressort-il pas que Charles IV, comme
Philippe V, comme Louis X, ont continué avec le même personnel, les Charles de Valois, les Pierre de Galard en tête, l'œuvre
de Philippe le Bel? Sous leurs règnes respectifs, le pouvoir royal
ne cesse de se fortifier aux dépens de ce qui reste des pouvoirs
féodaux. Malgré les tâtonnements, les résistances d'une période
de transition, j'allais écrire d'un temps de révolution, l'administration s'organise, les liens qui rattachent les communes au pouvoir central se resserrent, le parlement de plus en plus fait sentir
son action. Sans doute, il y a des protestations; sous Louis X, ce
roi qui déclarait qu'il ne doit y avoir que des hommes libres au
royaume des Francs[1], on trouve les ligues féodales; Philippe le
Long, ce précurseur qui, au XIV[e] siècle, projette d'unifier en

« censis, pro dicta advoaria empta ab eo pro rege per dominum P. de Galardo,
« militem, magistrum balistariorum, pro precio de ij[m] ix[c] iiij[xx] x l. t., prout
« patet per litteras emptionis traditas domino P. de Stampis, custodi cartarum
« et privilegiorum domini regis... Magister P[etrus de Albigniaco], pro expen-
« sis suis eundo de Parisius apud Tornacum, pro feodo et saisina dicte advoarie
« capiendis pro rege, morando ibidem et redeundo Parisius per XII dies, vide-
« licet a XII[a] die junii CCCXXIII[e] usque ad XXIIII[am] diem ejusdem mensis tunc,
« et pro litteris emptionis et instrumentis habendis xx l. p. Idem, pro denariis
« per eum solutis hominibus regis de Tornacesio qui dictam advoariam judica-
« verunt domino regi esse legitime factam, pro suo judicato x l. p. Idem pro
« scriptura dictarum litterarum emptionis et instrumenti equaliter xl s. p. »
(Paris, Arch. nat., KK 1, p. 511).

1. *Ordonnances des rois de France*, I, 583. — Cette fière déclaration, qui est
du 3 juillet 1315, fut renouvelée par Philippe V dans une ordonnance du 23 janvier 1318 (*Ibid.*, I, 653).

France les poids et les mesures, se heurte à la résistance d'une ville qui ne veut pas changer de bailli royal ; et Charles IV est accusé, comme Philippe le Bel, comme Philippe le Long, d'exactions multiples. C'est que les contemporains se refusent à comprendre qu'à un gouvernement fort il faut des moyens d'action vigoureux. Il n'y a point doute que nos pères de la fin du XIIIe et du commencement du XIVe siècle auraient voulu une police plus vigilante, une justice plus exacte, une administration plus ferme que ce qu'avaient eu leurs aïeux. Mais ils auraient voulu tout cela sans que les impôts qu'ils payaient fussent aggravés. Et, comme les rois n'avaient ni le pouvoir ni la volonté de briser les résistances et d'imposer leurs idées, quand ils cherchaient dans des expédients financiers les ressources indispensables à un gouvernement qui chaque jour étendait davantage son rayon d'action, les accusations pleuvaient sur eux. Presque toutes étaient injustes, et cependant, de nos jours, elles trouvent encore créance chez quelques-uns. Si je ne me trompe, ces Notes pourront contribuer à faire crouler ces accusations et à procurer aux trois fils de Philippe le Bel la justice qui leur est due.

Nogent-le-Rotrou, imprimerie DAUPELEY-GOUVERNEUR.